KB211055

일상에서 만나는
생태교육과 영성

일상에서 만나는
생태교육과 영성

좋은땅

여전히 제 맘 속에 살아계신

사랑하는 아버지께

이 책을 바칩니다.

차례

1부

2부

1부

1부의 글은 2014~2018년『주간 기독교』에 실린

'신앙 에세이' 원고 모음입니다.

1

그럼에도 불구하고… 사랑!

2014년도 3주가 지났다. 새해 우리가 바라는 바는 무엇인가. 무엇을 성취하려 하고 어떤 존재가 되길 바라는가. 적어도 주변에서 이런 질문을 하는 사람이 있다면 그는 운이 좋은 사람이다. 우리가 작년보다 정말이지 10원어치라도 나은 삶을 살길 원한다면 나 자신에게 그리고 내 이웃에게 이러한 질문 던지기를 주저하지 말일이다.

새로운 해를 맞이하면서 그리스도인으로서 우리의 의식이 여전히 물질적인 단계에 머물러 있다면 우리의 기도는 물질적 욕망에 사로잡혀 끊임없이 물질을 구하는 기도만 하게 될 것이다. 그러나 우리의 의식이 한 차원 더 나아가 정신적인 것에 머물면 우리는 나 중심적이 아닌 이웃을 향한 관계성에 좀 더 관심하게 될 것이다. 정치, 경제, 사회, 문화 전반에 걸쳐 성숙을 향한 다각적인 관심을 갖게 되고 마침내 우리의 의식이 영적인 차원으로 진화하게 되면 우리의 궁극적 관심은 우리 존재의 본질에 대해 탐구하게 되는 지경으로 나아가게 된다. 나는 어디로부터 와서 어디로 가는가, 나는 누구인가, 나의 본질은 무엇인가, 결국 우리의 물음은 신의 영역으로 옮아간다.

하나님은 사랑이시다. 그것은 곧 하나님의 형상으로 창조된 우리의 본질 역시 사랑이라는 의미다. 고로 우리는 사랑하지 않으면 살 수 없는 존재들이다. 사랑만이 우리를 온전한 존재로 인도한다. 사랑을 잃은 나, 사랑을 잃은 가족, 사랑을 잃은 사회, 사랑을 잃은 국가, 사랑을 잃은 지구는 모두 본질에서 벗어나 있다. 본질에서 벗어나면 병이 든다. 왜냐하면 자기 자리가 아니기 때문이다. 사람도, 동물도, 사회도, 지구도 사랑하면 회복된다. 사랑하면 건강해진다. 사랑하면 사랑스러워진다. 사랑만이 답이다. 사랑만이 위기에 빠진 인류를 구원할 수 있다.

2014년을 맞아 우리가 할 일은 작년보다 조금 더 많이 사랑하는 것이다. 나 자신을 사랑하고, 내 아이들과 배우자에게 매일매일 사랑한다고 말하고 자주 안아 주고 머리서부터 발끝까지 오직 사랑만 채워 그 넘치는 것으로 만나는 모든 사람들에게 나눠 줄 일이다. 더욱 사랑하고, 더욱 친절하고, 더욱 배려하는 일이야말로 가장 본질적인 행위이고 우리 존재를 온전하게 만드는 궁극적인 일이다. 공동번역 성서에 있는 집회서에 이런 말씀이 있다.

> "너는 들어라, 너무 많은 일에 뛰어들지 말아라.
> 일이 많으면 실수가 따른다.
> 또한 아무리 뛰어도 일을 다 따라가지 못하며
> 일에서 빠져 나오려 해도 피할 길이 없어진다.
> 하느님께 의지하여라."

뭔가 많이 성취하려 하지 말고 오직 사랑으로 존재하기를 바랄 일이다. 당신의 삶이 10원어치라도 나은 삶이길 원하는가? 그렇다면 사랑하라, 그것도 진심으로…

2

———

장인정신과 그리스도인

장인정신(匠人精神)의 사전적 의미는 '자기가 하고 있는 일에 전념하거나 한 가지 기술을 전공하여 그 일에 정통하려고 하는 철저한 직업 정신'을 말한다. 일본의 스시 장인 지로는 75년 동안 스시를 만들었다. 그의 가게에는 오직 스시밖에 팔지 않는다. 의자도 10개 남짓하다. 그러나 그의 스시를 먹기 위해서는 최소 한 달을 기다려야 한다. 예약하지 않으면 먹을 수 없다. 전 세계에서 그의 스시를 먹기 위해 찾아오기 때문이다. 음식 평론가들은 하나같이 이구동성으로 말한다. 지로의 스시야말로 세계 최고의 맛이라고. 지로는 말한다.

"장인은 특별해지려 하지 않습니다.

오직 매일 같은 일을 반복할 뿐.

그러나 같은 일을 계속 반복하며 발전합니다."

　그는 75년 동안 한결같이 스시를 만들었다. 그런데도 늘 재미있었단다. 꿈에서조차 스시를 연구하고 만들고 있었다고 했다. 그는 식재료 하나라도 대충 구입하는 법이 없다. 이른 새벽 직접 어시장에 나가 최고의 질감을 가진 생선을 고른다. 밥 역시 그만의 노하우로 가장 높은 압력에서 만든다. 밥과 생선의 예술적 조화. 그것이 스시다. 그는 돈에 관심이 없다고 말한다. 오로지 어떻게 하면 최고로 맛있는 스시를 만들 것인가에만 몰두한다. 그의 75년 인생은 너무나 단순했다. 그러나 그의 단순한 삶은 그를 스시에 집중케 했고 스시의 장인으로 이끌었다.

　장인은 날마다 똑같은 일을 하지만 결코 그것에 싫증을 내거나 짜증내지 않는다. 왜냐하면 자신의 일을 하나의 수행으로 인식하며 거룩하게 승화시키기 때문이다. 그것에 열정과 혼을 싣는다. 작은 과정 하나하나에 의미를 부여하고 남이 보지 않는다고 결코 눈속임을 하지 않는다. 또한 누군가의 기대나 시선을 의식하여 일하지 않는다. 그것은 곧 자기 자신을 속이는 일이며 나아가 자신의 존엄성을 훼손하는 일임을 누구보다 깊이 자각했기 때문이다.

스시 장인 지로의 삶을 보면서 나는 장인으로서의 그리스도인을 상상해 본다. 온갖 보암직하고 먹음직하고 탐스러운 것들이 가득한 세상에서 날마다 단순한 삶의 기후를 통하여 오직 한 길로 나아가는 그리스도인들. 매일의 삶에서 말씀과 기도에 규칙성을 부여하고 자신이 선 자리에서 열정과 혼을 불사르는 이들. 여기저기 기웃거리지 않고 단순한 삶의 반복이지만 그 안에서 날마다 발전을 꾀하는 이들. 한 곳을 깊게 파고 또 파서 마침내 맑은 물줄기 세상을 향해 솟아오르게 하는 이들. 걷고 또 걸어서 길이 없던 곳에 길을 내는 이들….

그런 이들이야말로 하나님이 원하시는 의인의 모습이 아닐까. 그런 이들이 있기에 세상이 혼탁하고 절망처럼 보여도 아직 존재할 수 있는 것은 아닐까. 그런 이들은 소수지만, 세상에 결코 드러나지 않지만 보이지 않는 그들로 인해 여전히 우리는 살아갈 힘을 얻는 것이 아닐까.

3

——

열정 있는 자는 삶을 포기하지 않는다

우리가 꿈꾸고 또 보고 싶어하는 사람은 무언가에 열정을 가지고 있는 자다. 열정을 가지고 있는 사람은 결코 어떤 상황에서도 주저앉지 않는다. 설령 누군가에 의해 주저앉혀질지라도 다시 아무렇지 않은 듯 손에 묻은 흙을 훌훌 털고 일어난다. 열정이 있는 자의 가슴은 늘 뜨겁다. 내면에서 순백으로 샘솟는 에너지는 주변의 모든 차가운 것들을 따뜻하게 만든다. 훈훈하게 만든다. 사랑하게 만든다. 그런 자들의 눈으로 보는 세상은 온통 아름답다. 아무리 힘들고 척박한 환경 속에서도 그들은 울지언정 웃음을 잃지 않는다.

그들의 영혼은 아름답다. 그들의 영혼은 다이아몬드처럼 빛난다. 그들은 세상의 에너지를 선순환시킨다. 결국 그의 빛나는 내면은 밖으로 뿜어져 나와 외모까지도 멋있게 만든다. 열정은 과연 타고나는 것인가, 만들어지는 것인가, 아니면 발견되는 것인가? 혹 기억되는 것인가? 환경 탓하지 않고, 남의 시선 의식하지 않고, 낡아버린 싸구려 운동화를 신어도, 남루한 옷차림에도 당당하고 자유로운 영혼을 가진 사람은 과연 어떻게 탄생되는 것일까? 어떠한 삶의 자리, 어떤 깨달음, 혹은 어떠한 교육 환경이 이런 종(種)의 인간을 창출할 수 있을 것인가?

내 나름대로의 답을 찾아보자면 절실함이다. 그것은 불안정하며 불확정적 상황 속에서 자신에게 다가오는 절실함을 스스로 찾아가는 환경 속에서 가능하다. 열정은 그 속에서 싹튼다. 그러나 모험하고 도전하고 미지의 세계를 향해 용기를 내려면 내면으로부터의 믿음이 필요하다. 그 믿음은 우리 내면의 가장 심원한 곳에 자리하고 있는 하나님의 성소를 발견하는 일로부터 시작된다. 우리의 영혼은 그 어떤 것으로도 손상될 수 없다. 그 누구도 나의 영혼에 생채기를 낼 수 없다.

우리는 우리 아이들에게 이것을 기억하도록 끊임없이 도와야 한다. 그들이 언제 어떤 상황에서도 잊지 않도록, 늘 자각하도록. 그리고 위험으로부터 아이들을 보호하되 그들이 자신의 삶을 스스로 선택할 수 있는 권리에 대해 말해 주어야 한다. 또한 그 선택에 대해 책임질 수 있는 삶에 대해서도 이야기해야 한다.

우리는 우리 아이들에게 너무나 완벽하게 세팅된 상황이나 안정을 강요하며 그들이 선택할 어떤 것을 대신하려 해서는 안 된다. 그것은 사랑을 가장한 일종의 가혹행위다. 시행착오를 거치더라도 내면의 소리에 귀 기울이며 그들이 스스로 하늘의 인도하심에 따라 삶을 선택할 수 있도록 사랑과 배려로 모든 가능성을 열어놓아야 한다. 존재의 무궁무진한 가능성의 출로를 인정하고 적극적으로 도와야 한다.

4

삶의 근원적 즐거움

12년 전, 서울의 삶을 정리하고 반경 6킬로미터 안에 구멍가게나 작은 식당조차 없는 충남 예산 안골마을에 내려왔을 때, 나와 남편이 전적으로 의지했던 것은 성경말씀 한 구절이었다.

'너희는 먼저 그의 나라와 그의 의를 구하라.
그리하면 그 모든 것을 너희에게 더하시리라'

(마태복음 6:33)

우리는 간디가 이야기했던 것처럼 진리를 실험해 보기로 했다. 과연 우리가 그 말씀을 전적으로 믿고 있는가. 우리가 가지고 있던 모든 기득권과 마지막 남은 생명까지도 전적으로 하나님께 맡길 수 있는가를. 굶게 되면 굶고 그래서 죽게 되면 순교라고 생각했다.

6개월 후 마을 이름을 따서 예배당도 없는 사택에서 안골 교회는 시작되었다. 그 당시 만난 우리의 이웃은 시골에 방치된 장애인들과 손등이 거북 등껍질처럼 마른 촌부들이었다. 처음에는 동정과 연민으로 그들과의 만남을 시작했지만 결국 우리는 그들을 통해 진실을 알게 되었다. 진정 그 약한 자들로 인해 타락한 세상이 정화되고 있음을, 한글도 모르는 그 촌부들로 인해 우리의 농촌이 지켜지고 있음을…

12년이 지난 지금 우리는 한 번도 굶주리지 않았고, 시간이 지남에 따라 점점 더 풍요로움을 경험한다. 마침내 아름다운 황토 예배당이 지어지고, 70세가 넘으신 노인분들만 살던 마을에 젊은 이들과 아이들이 모이기 시작했다. 말씀이 현실이 되는 삶을 체험한 것이다. 성경 말씀은 진리로서 그것을 믿는 자들에게 인간의 짧은 지식으로는 상상할 수도 없는 새로운 지평으로 우리를 인도한다.

단조로워 보일 수 있는 안골의 삶이 참으로 즐거운 이유를 곰곰이 생각해 보았다. 샘처럼 솟아오르는 이 기쁨은 도대체 어디서 연유한 것인가, 그것은 새로운 지평을 향한 깨달음을 통해 오는 것임을 알았다. 삶의 목표가 영적 진보인 까닭에 늘 본질적인 것을 궁구하고 지향하며 날마다 방향 전환하기를 멈추지 않는 것으로부터 오는 기쁨이 너무나 크다.

부족하지만 서두르지 않고 한 걸음 한 걸음 성숙을 향해 걸어나가는 동안 만나는 모든 관계 속에서 하나님 나라를 발견할 때의 희열 또한 말로 표현할 수 없다. 그것은 세상의 어떤 물질로도 채울 수 없는 궁극적인 즐거움이다. 또한 자연을 통하여 느끼는 카타르시스로 말미암아 몸과 정신과 영이 환희를 느낀다. 끊임없이 배움을 향해 존재를 개방함으로 새로운 하늘과 새 땅의 도래를 현재화할 수 있음에 그저 감사할 따름이다.

신비롭다. 세상을 살지만 세상을 초월한 지경을 경험한다는 것이. 멋지고 아름답다. 세상 모든 만물이 하나로 이어져 진동과 파동을 느끼고 서로의 상생을 위하여 건강한 에너지를 주고받을 수 있음이. 우주와 창조의 근원에서 퍼올린 즐거움은 영원히 마르지 않는 샘과 같다. 그것은 우리의 본질과 맞닿아 있기 때문이다.

5

생명에 대한 경외는 어디로부터?

각 시대마다 시대 정신이란 것이 있다. 그것은 그 시대 사람들의 집단 의식을 드러낸다. 세월호 참사로 드러난 우리의 집단 의식은 본질은 잃어버리고 껍데기만 치장한, 언제 허물어질지 모르는 모래 위의 집과 같다. 돈 되는 일이라면 법이고, 원칙이고, 생명이고 전혀 상관없다는 의식이 사회 전반에 걸쳐 팽배해 있고, 안전은 그야말로 뒷전이며 돈에 관련된 헤아릴 수 없는 부정과 부패가 고위층으로부터 거미줄처럼 세밀히 얽혀 있어 이 총체적 부실의 상황에서 언제고 세월호 참사는 되풀이될 것이다. 자본과 정치의 거대권력은 끊임없이 물질 숭배로서의 집단 의식을 부추기고, 이미 권력화된 이 시대의 교육은 잠재적 커리큘럼을 통해 교묘히 허상일 수밖에 없는 성공과 성취의 무의미한 경쟁으로 아이들을 내몰고 있다. 지금 기성 세대들의 물신주의(物神主義) 풍조가 아이들에게도 그대로 전이될 것은 명약관화(明若觀火)다.

그렇다면 우리는 언제까지 슬퍼하고 절망할 것인가. 여전히 판도라 상자에는 희망이 남아 있는 것일까. 인간의 집단 의식 근간을 조성시키는 것이 교육이라고 볼 때 지금 이 시점에서 우리의 교육에 대한 태도를 다시 한번 성찰하지 않을 수 없다. 특히 생명에 대한 교육이 시급하다. 생명에 대한 경외와 존중, 그리고 생명을 소중히 여기는 사회적 풍토가 조성되어야 한다.

하루 종일 시멘트 벽에 갇혀 정보 축적에만 급급한 아이들에게 '생명'이라는 말은 어떤 의미로 다가올까. 생명은 삶과 죽음, 성장과 변화의 순환고리를 갖고 있다. 생명은 말 그대로 어떤 개념이나 추상이 아니라 하나의 실존이고 실체이다. 인간이 생명으로부터 분리된 것은 인간이 물질문명 속에서 자연을 분리시키는 그 시점으로부터일 것이다. 기독교 역시 인간은 만물의 영장이라고 외치면서 서구 문명 속에서 자연을 분리시키고 그저 개발을 위한 도구로 전락시켰다. 그 결과 인간 생존의 장(場)인 거대한 지구 생태계가 처절하게 파괴되고 훼손되었으며 그 속에서 인간들은 심각하게 오염된 공기 속에서 한쪽 손으로는 자신의 숨통을 움켜잡고 괴로워하면서도 다른 한 손으로는 물질과 권력, 그 달콤한 사탕발림의 욕망을 향해 악마와 손잡고 있는 것이다.

　이제 우리는 자각하고 결단해야 한다. 더 이상 인간은 만물의 영장이 아니며 자연의 일부일 뿐임을. 하나님의 창조세계는 더 이상 인간이 착취할 대상이 아닌, 인간과 공존공생(共存共生)해야 할 생명체임을. 이러한 전제로부터 아이들과 함께 자연 속으로 나아가 살아있는 모든 것들의 탄생과 성장을 관찰하고, 각각의 생명체들이 뿜어내는 생명의 에너지들을 오감으로 느끼고 그 작은 하나하나의 생명들을 창조하신 하나님의 세계가 얼마나 완벽한지를 깨달아 알 때 우리는 저절로 생명에 대한 경외감과 신뢰를 갖게 되고 더 이상 생명에 대해 함부로 다루거나 무시하거나 짓밟는 일은 할 수 없을 것이다.

6

자연과 가까이 있어야 자연스러워진다

서울살이에서 내 유일한 낙은 출퇴근길 차창 밖으로 한강을 바라보는 것이었다. 콩나물 시루 같은 버스에서 간신히 지하철역으로, 또 다시 옆 사람의 체온을 지독히 느끼는 지옥철을 타고 내려서도 한참을 걸어야 하는 출근길에서 나는 이미 하루에 쓸 기운을 다 빼앗긴 느낌으로 아침을 시작하곤 하였다. 그나마 지하철이나 버스 속에서 한강을 바라볼 때면 그제서야 휴~ 하고 깊은 숨을 토해내듯 쉬었다. 그 당시 내 삶엔 쉼이 없었다.

남편의 독려로 서울 삶을 접고 충남 예산으로 내려올 때만 해도 나는 내 안에 자연이 숨쉬고 있을 거라곤 상상하지 못했다. 난 오직 쉴 수 있는 시공을 원했다. 실컷 잠만 잘 수 있다면 다 쓰러져가는 시골집이라도 괜찮다고 생각했다.

이삿짐을 푼 다음날 아침, 요란한 새 소리에 잠을 깼을 때, 나는 내 안의 그 무언가가 깨어나는 것을 느꼈다. 깊은 밤 딸아이와 거실에 누워 반짝이는 별을 보며 눈물이 날 것 같은 경외감에 젖어들었다. 나무에서 파릇파릇한 새싹이 움트는 것을 볼 때, 이른 아침 풀잎 위의 이슬을 마주할 때, 석양의 지는 해를 바라볼 때, 노오란 꾀꼬리와 책에서만 보던 고라니, 너구리, 백로와 수리를 바로 눈 앞에서 마주할 때, 내 앞에 펼쳐진 것은 이전에 내가 알던 세상이 아니었다. 전혀 다른 새 하늘과 새 땅이 거기 있었다.

자연은 태곳적 침묵 속에서 나를 있는 그대로 맞아주었다. 나는 날마다 마당을 거닐며 아무 이유없이 그냥 좋은 것이 무엇인지 알게 되었고 자연 속에서 환대받고 있음을 느꼈다. 눈에 보이는 것은 오직 하늘과 나무와 꽃, 들판뿐인 삶에서 나의 오감은 오직 청정함과 푸르름만을 세포 하나하나에 각인시키기 시작했다. 도시에서 치열한 생존경쟁의 잔혹한 파편으로 인해 상처받고 파괴되었던 내 영혼은 시간이 지나면서 자연스럽게 회복되었다. 또한 충분한 쉼을 통해 내 몸 또한 점점 건강해지기 시작했다. 태생적으로 외로움을 잘 타던 나는 자연 속에서 고독을 배웠다. 그러나 그것은 외로움과는 전혀 다른 차원이었다. 그 고독 속에서 나는 오히려 하나님의 음성에 더욱 귀기울이게 되었다. 침묵으로 다가오시는 그분을 더 면밀히 느낄 수 있었다. 자연은 아주 평화로웠으나 매우 역동적임을 알게 되었고 각각의 계절은 순환하나 계절 안에서도 생성과 소멸을 반복하며 변화무쌍한 자태를 드러내는데 그것을 관찰하는 것은 삶의 또 다른 재미가 되었다.

자연은 시시각각으로 변화하며 끊임없는 소통과 흐름을 만들어낸다. 내 딸이 황금 들판 사이로 백로가 훨훨 날아다니는 아름다운 풍광을 바라보며 학교에 다니는 것이 내겐 커다란 행복이다. 자연은 내 아이들에게 최고의 환경이자 최고의 교사가 되어 주었다. 사람들의 우려와는 달리 나는 여전히 자연 속에서 잘 살고 있다.

7

두려움 대신 사랑을 선택하라

깊고 깊은 안골에서 매년 여름마다 많은 사람들을 만난다. 물론 다 예수 동네에 사는 이들인데, 예수 동네에서 어울린다고 모두 진리를 향해 깨어 있는 것은 아니다. 예수를 믿는다고 하면서도 여전히 근심과 걱정, 두려움에 사로잡혀 있는 이들이 너무나 많다. 그런 이들의 공통점은 모두 어떤 영역에서든 분리를 경험하고 있다는 점이다.

교회 공동체를 통해 들려지는 예수 그리스도의 복음의 메시지가 일상으로 돌아갔을 때 구체적인 선택의 기준이 되지 못하거나 우선순위에서 배제되고 하나님과 물질 사이에서 여전히 갈등하고 혼돈스러워하는 청년들, 자연과 점점 유리되어 자연 자체를 두려움으로 느끼는 청소년들, 그리고 이런 가중된 혼란에 영혼의 안식이나 쉼 대신 오히려 끊임없는 성취와 결과물을 요청하는 교회 공동체의 성장중심적 환경은 우리의 미래를 암울하게 만들고 있다.

날마다 영적으로 깨어 있다는 것은 내가 지금 어디로부터 와서 어디로 가는지를 자각하는 행위이다. 여기서 나는 특수이기도 하지만 또한 보편적 존재이다. 그러므로 곧 나의 행보와 사고는 인류의 행보와 사고이기도 하다. 인류의 집단의식은 나로 말미암아 드러난다. 나는 모든 것과 연결되어 있으며, 우리 모두는 곧 하나이기 때문이다. 21세기에 횡행하는 '배금주의(拜金主義, mammonism)'가 온 인류의 집단의식을 퇴보시키고 있다는 사실을 자각하는 것은 곧 내가 그 반인륜적이고 반생명적인 물질숭상 문화의 피해자임을 깨닫는 것이기도 하다.

요즘 많은 사람들 입에서 "정신없이 살고 있다"는 말이 스스럼없이 나오는 것을 듣게 되는데 그것은 영적으로 보면 매우 위험한 상태임을 직시해야 한다. 생각하지 않으면서 살면, 그 누군가 생각해 놓은 대로 살게 된다.

영적으로 온전히 깨어 있는 사람은 결코 정신없이 살지 않는다. 내가 어디를 향해 가고자 하는지를 안다. 하늘에서 나를 이 땅에 보내신 목적을 아는 사람이다. 하나님은 사랑이시고 그 형상으로 지음 받은 나이기에 나의 본질이 사랑임을 안다. 그러므로 그는 매순간 두려움 대신 사랑을 선택한다. 어떠한 환경에서도, 어떠한 상황에서도 사랑을 포기하지 않는다. 죽음을 선택할지언정 물질을 위해 자신의 영혼을 팔지 않는다. 그는 자신의 힘으로 살지 않고 하늘이 주시는 에너지로 산다. 그래서 삶이 어렵지 않다. 힘들지 않고 지치지 않는다. 하늘에서 주시는 놀라운 사랑과 평화를 덧입고 살기 때문이다. 그는 자신의 영혼을 위해 가장 좋은 선택이 무엇인지를 알고 있다. 자신에게 해가 되는 것은 이웃에게도 해가 됨을 알며 내가 평화로워야 세상이 평화로워진다는 것을 아는 까닭이다. 사랑은 부분적인 모든 것을 마침내 온전히 통합한다 (고전 13: 10).

8

땅의 아이들로 키우기

9월 안골 하늘숨학교는 밭에 두엄을 뿌리는 것으로 시작했다. 마을의 새마을 지도자께서 오리똥을 잘 발효시켜 만든 귀한 거름을 기꺼이 내주어서 미리 갈아 놓은 밭에 휘휘 뿌린 후 잘 뒤집는다. 부드럽게 갈아진 땅은 마치 사람의 살과 같다. 과연 사람이 흙으로 지어진 존재라는 것을 아이들은 발끝으로 느낀다. 기계로 갈면 10분이면 끝날 것을 고사리 같은 손으로 괭이를 들고 일일이 이랑을 내자니 몇 시간이 걸린다.

한쪽에서 이랑을 내던 상민이가 괭이를 쥐고 털썩 주저앉더니 이렇게 말한다. "농부 아저씨들이 이렇게 힘들게 일하시는 줄 몰랐어요, 휴… 진짜 힘들다!"

불가능한 것처럼 보였던 이랑 만들기가 끝이 보이기 시작한다. 그래서 이젠 나란히 서서 배추 모를 심고, 무와 알타리를 심는다. 배추 씨의 색은 연하면서 반짝이는 자색, 무 씨는 짙은 살색에 가깝고 알타리 씨는 놀랍게도 푸른색이다.

우리는 이미 밭으로 오기 전 교회에서 침묵으로 기도를 드린 뒤 배추 씨와 무 씨, 그리고 알타리 씨가 어떻게 생겼는지 일일이 확인하였다. 우리가 먹는 배추와 무와 알타리가 어디서부터 시작되었는지를 알기 위함이다. 각각의 씨는 그 자체로 예술작품이라고 할 수 있을 정도로 아름다운 색을 지닌 것을 함께 보았다. 목사님께서 짧은 설교를 통하여 "배추나 무가 이렇게 아름다운 씨에서 자라나는 것처럼 여러분 내면에도 이렇게 영롱하고 아름다운 하늘의 씨앗이 들어 있습니다. 우리가 배추 씨를 무 씨와 비교하지 않는 것처럼 여러분 안에 담겨 있는 그 각각의 씨앗은 그 누구와 비교할 수 없는 유일무이한 것"이라고 말씀하셨다.

일이 거의 다 마무리되어 갈 즈음, 해가 서쪽으로 뉘엿뉘엿 사라진다. 교회 마당은 온통 맛있는 냄새로 가득했다. 산본에서 온 성도님들께서 안골 하늘숲학교 친구들을 위해 특식을 준비하고 계셨기 때문이다. 우리는 감사기도를 드리고 맛난 음식들로 허기진 배를 채웠다. 음식에 부끄럽지 않게 모두 열심히 일했기 때문에 먹는 것도 열심이었다. 저녁을 먹고 아이들은 깜깜한 하늘 아래

이리저리 뛰어다니며 술래잡기를 한다. 21세기에 다 큰 아이들이 스마트폰 대신 술래잡기를 하며 놀고 있다는 것이 그저 신기하기만 하다.

　아이들은 땅을 맨발로 밟아서 좋았고, 힘들지만 직접 씨를 심어 본 것이 좋았다고 말했다. 상민이는 앞으로 절대 편식을 하지 않겠다고 모두 앞에서 다짐했다. 이렇게 힘들게 농사를 지으시는데 편식을 하는 것은 농부 아저씨들에 대한 예의가 아니라면서. 참으로 아름다웠던 9월 모임이었다.

9

거리에서 사랑으로 존재하기

우리는 늘 무엇을 해야 한다고 강제당한다. 눈에 보이는 무언가를 이뤄내지 않으면 불안해하고 초조해한다. 안골 하늘숨학교에서는 우리의 무분별한 달음질을 잠시 멈추고 천천히 숨을 고른 다음 우리의 시선을 내면으로 향해 보았다. 그리고 우리는 새로운 실험을 해 보기로 했다. 거리에서 사랑으로 존재해 보기로 한 것이다.

우리는 말을 아끼기로 했다. 말은 진리를 표현하기에 참으로 부족한 도구라는 것을 알기 때문이다. 말 대신 지나가는 불특정 다수에게 우리에게 있는 어떤 것을 그냥 선물로 주어 보기로 했다.

이 실험에는 특별히 감리교신학대학교 대안교육 실습팀이 함께 했다. 색깔이 다양한 종이를 일일이 잘라 작은 카드를 만들었다. 카드에는 사랑이 담긴 따뜻한 문장들을 적었다. 그리고 몇몇 사람들은 자발적으로 'Free Hug(자유롭게 안아 주기)'를 경험하기로 했다.

거리로 나간 그 날은 마침 5일장이 서는 날이었다. 생선을 파는 노점상 할머니를 안아드리고, 야채 파는 아주머니에게 카드를 드렸다. 아이들이 내미는 작은 선물에 어떤 분은 기꺼이 자기가 가진 귤을 선물로 주며 아이들을 안아 주셨다. 지나가는 중학생 역시 호기심으로 다가와 형에게 안긴다. 장 보러 오신 아주머니, 아저씨들도 행복한 웃음을 지으며 청년들의 품에 안긴다. 5일장 안이 웅성대기 시작했다. "우리헌테 사랑을 주러 왔대유… 이런 고마울 데가…" 물건 파는 아주머니들끼리 하는 이야기가 들린다. 사랑의 문장이 담긴 피켓을 보는 버스 운전사 아저씨 얼굴에도 미소가 어린다.

거리에서 돌아와 집사님들이 정성껏 만들어 주신 저녁을 맛있게 먹고 우리는 한자리에 모여 오늘의 경험을 나누었다.

한 청년이 자신의 느낌을 말하려고 일어났다가 오래도록 말을 잇지 못하고 눈물만 흘렸다. 모두의 눈시울이 촉촉해졌다. 마침내 그 청년은 고백했다.

"나는 오늘 거리에서 사랑이 되려고 나갔습니다. 그러나 오히려 거리에서 제가 만난 모든 사람들로부터 넘치는 사랑을 받았습니다. 과연 우리의 본질은 사랑이고, 하나님은 사랑이심을 깨달았습니다."

다들 형언할 수 없는 벅참으로 가슴이 뜨거워짐을 느꼈다.

그저 말없이 안아드린 것뿐인데, 그저 작은 카드 한 장 건넸을 뿐인데 너무나 고마워하고, 기뻐하는 우리 이웃들의 모습을 본다. 과연 하나님은 사랑이시다. 우리는 하늘이 주신 사랑에 감사하며 서로 얼싸안고 우는 것으로 하늘숨학교 모임을 마쳤다.

10

소외되는 자들을 기억하라

얼마 전 어느 대형교회를 방문한 적이 있다. 영어 표어가 벽면 전체를 가득 메우고 있었다. 그리고 교사들이 단체로 입은 옷에도 온통 영어 일색이었다. 마치 미국에 온 것 같은 착각이 들 정도였다. 놀라운 사실은 그곳이 유년부실이라는 거다. 더 안타까운 것은 그 영어 표어를 보고 좌절하는 아이가 있을 거라는 생각을 하지 못하는 목회자와 교사다.

21세기 디지털 시대에 문맹인이 있을까? 없을까?
교회 공동체 안에 한글 성경을 읽지 못하는 사람이 있을 수 있다. 모든 사람이 당연하다고 생각하는 것에 우리는 의문을 제기할 필요가 있다.

13년 전 지금 살고 있는 시골 마을에 정착할 때만 해도 동네 아주머니들 대부분이 문맹일 거라는 생각을 해 본 적이 없다. 왜냐하면 그동안의 내 삶 속에서 문맹인을 본 적이 없었기 때문이다. 시골살이 3년이 지나서야 비로소 조금씩 알게 되었다. 가부장적 정서 속에서 아들만 학교 보내고 딸들은 교육에 있어서 완전히 제외되어 버린 뼈아픈 여인들의 역사를, 평생 글을 모르고 살면서 감내해야 했던 한과 고통의 역사를 알게 된 후 너무나 가슴이 아팠다. 예배도 알고 보면 문맹의 한을 가진 사람들에게는 치명적인 것이다. 처음부터 끝까지 글을 몰라서는 참여할 수 없는 예배. 예배가 그 누군가에게 절망이 될 수 있다는 사실을 그 때 처음 알았고 적지않은 충격을 받았다.

매일 아침저녁으로 5시간씩 한글을 가르쳐 그분들 중 몇 분을 교회로 인도하였으나 아무리 가르쳐도 너무 오랫동안 뇌를 사용하지 않아 거의 회생이 불가능한 분도 계셨다. 그분들은 아무리 괜찮다고 말씀드려도 교회에 나오실 생각을 못한다. 자신이 글을 모른다는 사실이 너무나 고통스러운 거다. 그런 분들에게 쫓아다니며 교회에 나오라고 하는 것이 과연 그리스도인으로서 합당한 걸까?

나는 마을 모든 어르신들이 우리 교회 성도라고 생각한다. 그래서 늘 교리를 전하려 애쓰기보다는 그저 사랑하려 한다. 하나님은 사랑이시기 때문이다. 우리는 늘 우리가 당연하다고 생각하는 것으로부터 소외당하고 고통당하는 이웃들을 하나님의 마음처럼 섬세하고 살뜰하게 돌아보고 배려할 줄 알아야 한다고 생각한다. 그렇게 한 해를 돌아보았으면 좋겠다.

11

—

사랑은 지금 무엇을 하려는가?

우리는 아이들에게 왜 사랑하라 하지 않고 이기라고만 할까? 혹여 사랑하는 법을 잊은 것은 아닐까? 어떻게 사랑해야 하는지 모르는 것은 아닐까?

"생각 좀 해 보자구요, 어른 여러분…

사랑으로 마음이 뜨거웠던 적은 언제인가요? 사랑으로 마음 아프고, 눈물 흘리고, 사랑으로 인해 가슴 벅찼던 적은 언제였지요? 우리는 사랑을 알기나 하는 걸까요? 우리는 사랑을 믿기나 하는 걸까요?

하나님은 사랑이시라는 말과 내가 오늘 여기서 사랑하는 것은 어떤 상관관계가 있을까요? 사랑이 왜 이렇게 진부해졌죠? 왜 사람들은 지금 이 순간 사랑을 이야기하지 않죠?"

어른들은 말한다.

"사랑이 밥 먹여 주냐? 니네가 세상을 몰라서 그래. 얼마나 밥 벌어먹기 힘든 줄 알아? 헛소리 말고 공부나 해!"

그때 아이들은 자신이 왜 공부해야 하는지 헷갈리기 시작한다. 그리고 무엇 때문에 이렇게 힘들게 살아야 하는지 알 수 없게 된다. 어른들이 사랑하기를 포기하고 경쟁을 부추기는 그 순간 아이들은 돈을 벌기 위한 체제의 부속품으로 전락하고 만다. 알지 못하는 미래를 위해 무능력하면 굶어 죽을지도 모른다는 어른들의 협박 속에 깊은 두려움에 사로잡힌다. 아무도 가르쳐 주지 않는 것 때문에 아이들은 한 자락 숨 쉴 통로를 찾지 못한 채 극단적인 경우 자신의 목숨을 스스로 포기한다.

아이들이 허공을 향해 외치는 소리를 들어 보자.

"왜 엄마, 아빠는 우리 말을 들으려 하지 않죠? 왜 알지도 못하는 삶을 강요하죠? 엄마, 아빠도 어디로 가야 할지 모르면서… 엄마, 아빠도 자기가 누구인지, 뭘 좋아하는지, 그 옛날에 꾸었던 꿈이 무엇인지 기억도 못하면서… 왜 우리한테만 잘 사는 척, 잘 아는 척하죠?

엄마, 아빠 이야기를 들려주세요. 제발… 남 얘기 하지 말고, 남이랑 비교하지 말고…"

누군가 단 한 사람, 아이의 작은 목소리에 조용히 귀 기울이는 사람을 만났더라면, 그 누군가 단 한 사람, 네가 이 세상에 존재하는 것만으로도 너무나 감사한 일이라고 말해 주었더라면, 그 누군가 단 한 사람, 무언가를 성취하고 소유하는 것보다 사랑으로 존재하는 것이 가장 멋진 일이라고 귀띔이라도 해주었다면 그렇게 짧은 자신의 생을 마감하지는 않았을 텐데… 아… 불쌍한 아이들이여, 패역한 세상이여….

우리는 날마다 아이들의 고사리 같은 손을 잡고 눈을 맞추며 이야기해 주어야 한다. 얘야, 사랑은 말이지… 모든 생명을 있는 그대로 받아들이는 것이란다. 그리고 행복은 죽는 그 순간까지 두려움 대신 사랑을 선택하는 거야. 사랑은 우리의 본질이기에, 단 한 순간도 사랑하지 않으면 우리는 살 수 없단다. 내가 사랑이고 네가 사랑이다. 얘야, 우리가 사랑이란다.

12

청춘, 그대는 정녕 살아 있는가?

    질문 없는 청년, 회의하지 않는 청춘, 무기력해진 젊은이들이 머금은 그 정지된 호수에 돌을 던지고 싶었다. 뭔가 출렁이게, 뭔가 퍼지게, 뭔가 움직이게… 스펙과 외모와 생계에 목숨 걸면서 사랑하기를 두려워하고, 조건 없는 사랑을 더 이상 믿지 않는 그들. 청춘은 과연 누구를 위한 단어인가, 청춘의 실종. 청춘을 찾아라!

"청춘이란 말이 새로 쓰이면 좋겠어요.
'아유, 저 친구 청춘이야'라고 하는 건 '저거, 어린 놈이야'라는 뜻이잖아요. '청춘' 그저 미성숙하고 치기 어리고 열정만 가득한 이상주의자들을 지칭하는 말이 아니라 진정 성숙하고 올바른 자세를 가진 젊은이들을 가리키는 말로 다시 쓰이면 좋겠어요."

배우 유아인의 말이고, 나 역시 그의 말에 동의한다.

생명과 환경을 묵상하는 젊은 그리스도인 또한 드물다. 그들은 해외 단기선교에 열을 올리고, 성경은 열심히 읽으면서도 그것이 나와 세상과 어떤 상관관계가 있는가를 묻지 않는다. 체제에로의 순종과 진리에로의 순종을 구별하지 못하는 무지는 때때로 사회 악을 고착시키는 우를 범하기도 한다(개신교는 특히 그러한 면에 있어서 성과 속의 지나친 줄긋기로 젊은이들에게는 과도한 죄책 감과 분리의 벽을 쌓게 만들었다). 교회 청년들의 의식이 일반 시민들의 의식 정도도 따라가지 못하는 것이 현실이다. 결혼을 포기하는 30대가 절반을 넘어가는 현실 역시 당연하게 받아들이긴 쉽지 않다.

그러나 그것이 그들의 탓인가? 그들을 그렇게밖에 교육시키지 못한 기성세대들이 그 배후에 진을 치고 있다. 다만 문제가 있다면 젊은 그들이 그것을 의심하지 않고, 아니라면 항거하지 않고, 부딪혀 볼 용기를 내지 못했다는 것일 게다. 그러나 생각해 보면 의심, 항거, 용기 역시 교육으로 습득되어야 가능한 지경이다. 상상해 보라. 생각 없는 젊은이들끼리 결혼을 해서 생각 없는 부모가 되고 생각 없는 아이들을 낳고…

이러한 악순환의 반복으로 말미암아 우리는 왜곡된 생명을 다시 원위치로 돌려놓는 데 엄청난 인적, 물적 자원과 에너지를 쏟아야 하는 것이다.

그래서 나는 안골에서 청년들에게 묻기로 했다. 삶과 사랑과 진짜 나에 대해, 예수와 신에 대해, 세상과 지구와 자연에 대해, 생기 없고 초점 없던 동공이 흔들리고, 고개가 갸우뚱해지고, 서로를 쳐다보며 수군대고, 그러다 문득 답답해진 사람은 자기의 이야기를 꺼내다 마침내 눈물 흘리고, 그런 친구를 향해 휴지를 건네는 옆 사람을 향해 웃고…

검은 밤이 푸른 새벽으로 지나면 말문은 터지고 그동안 가슴에 묻어 두었던 수많은 질문들이 쏟아진다. '안골 청년생명 아카데미'는 2014년 여름부터 그렇게 시작되었다. 청년들이여, 안골로 오라. 와서 의심하고, 회의하고, 고민하라. 삶에 대한 그대만의 답을 찾으면서 그대의 청춘은 날개를 달기 시작할 것이다.

13

다시 국도로 들어서다

예산 집에서 대전 유성까지 가까운 신양 I.C.로 나가면 고속도로로 50분이면 갈 수 있다. 당진상주간 고속도로가 건설될 무렵 공주를 지나면서 수백 개의 산등성이가 잘려나간 것을 맘 아프게 생각하면서도 내 이기적 자아는 거침없이, 쉼 없이 빠른 속도로 대전에 갈 수 있다는 사실을 다행스럽게 생각한 적이 있었다. 그러나 시간이 지날수록 고속도로에 들어서는 내 몸이 움츠러들기 시작했다. 산 정상을 깎아 이은 높은 곳에 하늘과 구름 가득한 고속도로를 달리는 것이 한때는 마치 하늘을 나는 것 같은 몽환적 기분이 들기도 했는데 그 느낌은 점차 두려움으로 변하기 시작했다.

봄의 거센 바람과 앞이 보이지 않을 만큼 육중한 소나기, 겨울의 갑작스러운 눈 등 자연의 위력 앞에 하늘과 가까운 높디 높은 고속도로는 결코 안전한 느낌을 주지 못했다. 중간에 설 수도, 창문을 열 수도 없고, 발을 디딜 수 있는 땅과는 너무 멀리 떨어져 있는 고속도로가 단지 빠르다는 이유로 무조건 환영할 수 있는 곳이 아님을 알게 되었다.

몸이 땅과 더욱더 친밀해질수록 나의 정신도 변하고 있음을 느낀다. 이제는 '고속'이라는 말 자체에 거부감이 든다. 빠르게 가는 것, 빠르게 사는 것이 이젠 내 생체 리듬과 맞지 않게 되었다. 정신이 아닌 몸이 먼저 반응하는 것이다. 십수 년 전부터 나는 슬로 시티에 살고 있고 슬로 라이프를 누리고 있음에 몸과 정신이 그렇게 서서히 느림으로 세팅되고 있었던 것이다.

결국 오랜만에 다시 국도로 들어섰다. 구불구불한 국도 길을 가기 위해서는 좀 더 일찍 길을 나서야 했는데 조금 일찍 일어나는 것이 고속도로 통행료 7천 원을 내는 것보다 지금 내겐 훨씬 더 자연스럽다. 중간 중간에 만나는 신호등. 이젠 중간에 멈출 수 있다는 게 너무나 인간적으로 느껴지는 것이 아닌가. 그래, 가다 쉬어 갈 줄도 알아야지. 미친 듯이 광속으로 빨리 달리는 게 정상인가. 그러면서 우리는 얼마나 많은 것들을 놓치고 있는가.

국도와 고속도로. 마치 지금 현대인의 삶을 상징하는 듯하다. 고속도로에서는 자기 혼자만 천천히 가는 것이 용납되지 않는다. 그러나 우리는 이제 나무를 베지 않기 위해 나무 사이로 길을 내는 스위스인들을 기억해야 할 때가 아닐까? 그들의 도로는 직선이 없다고 했다. 자연에는 자로 잰 듯한 직선이 존재하지 않는다. 우리 삶에 느림과 돌아감, 쉼, 곧 자연으로서의 자리가 필요한 때다.

14

자. 연. 예. 찬.

어둠 가득한 밤이나 이른 아침 그 어느 때나 현관문만 나서면 만나게 되는 안골의 자연. 그 속에서 나는 늘 감동받는다. 13년 전 심은, 회초리만 했던 자목련이 굵어진 나무 밑둥을 자랑하며 교회 지붕을 넘어 우람하게 서 있는 자태를 보거나, 심지도 않았는데 씨가 날아와 나무로 자라는 라일락과 앵두나무, 다 죽어가던 벚나무가 다시 소생하여 마당 한가운데 흐드러지게 벚꽃을 피우고 있는 광경을 보고 있노라면 그냥 좋다. 아무런 이유도 조건도 없는 좋음. 좋아도 너무 좋은 그 무한한 흡족함을 흡입하노라면 머리서부터 발끝까지 정화되는 느낌이다. 그 상태를 치유라 말해도 무방하겠다. 창세기에 기록된 대로 하나님께서 천지를 창조하신 후에

"보시기에 좋았더라."는 말씀을 온몸으로 실감하는 찰나다. 서울에서 몸과 마음이 만신창이가 되었던 나는 그렇게 자연 속에서 날마다 치유 받았고 지금은 그 넘치는 치유의 에너지를 이웃과 더불어 나누고 있다.

5월의 안골은 그야말로 감탄의 일색이다. 초록 생명 에너지가 온 마당에 넘실거리고 있음에 보고 또 보아도 그 싱그러움에 온몸이 화답한다. 자연은 또 어찌나 정직한지 마당에 심어 놓은 화초들은 한 치의 어김없이 제때에 피고 진다. 마당에서 가장 먼저 얼굴을 들이미는 것이 목련과 수선화, 튜울립, 히아신스 등 알뿌리 식물이고 지금은 엄청난 덩굴로 뻗고 있는 인동초가 꽃망울을 터뜨리기 위해 대기 중이다. 각각의 때가 다르기 때문에 마당을 나서면 늘 어느 녀석이 자기를 봐달라고 나왔나 관찰하게 된다. 그 관찰하는 재미가 보통 쏠쏠한 게 아니다. 자연이 얼마나 변화무쌍하고 다채로운지, 그것을 관찰하는 것만으로도 얼마나 큰 기쁨인지 사람들에게 말해 주고 싶다. 또한 시골에 살거나 내려가는 것을 경제적인 관점에서만 판단하는 것이 얼마나 많은 것을 간과하고 있는 것인지도.

내가 자연을 관찰한 것 중 가장 경외로운 것은 계절마다 변하는 초록의 색이다. 4월 초까지 세상에 푸른 잎이 존재하지 않다가 4

월 중순부터 잎이 나오기 시작하는데 아주 연한 초록이 산을 뒤덮기 시작하면서 4월의 산은 그라데이션을 연상시키는 다채로운 연초록 풍광으로 가득하다가 5월에 가장 물오른 초록이 된다. 6, 7월에는 초록이 짙어지고 획일화되다가 더위의 정점인 8월에 초록은 그 빛을 잃기 시작한다. 뜨거운 햇빛으로 바래기 시작하는 것이다. 그러면서 8월 중순부터는 모든 식물이 성장을 멈춘다. 그때부터는 잡초를 베어내지 않아도 된다. 9, 10월에는 겸손한 빛의 낙엽이 되어 떨어지고 11월이 되면 세상은 다시 잎이 없는 허허로운 여백의 시공으로 돌아간다. 이 모든 자연의 변화하는 색을 해마다 찬찬히 눈과 마음에 담게 된 나는 전생이 있다면 필시 내가 나라를 구했나 보다 혼자 웃으며 중얼거린다.

15

거친 파도가 밀려올 때

바다에서 높고 거친 파도를 만나면 어떻게 해야 할까? 정답은 눈을 감고 온몸에 힘을 빼는 것이다. 그래야 몸이 뜬다. 경직되어 힘을 주면 결국 물만 진탕 먹고 깊고 어두운 바다 속으로 빠져 버린다. 우리네 삶에서도 거친 파도는 늘 존재한다. 인생의 위기 상황에서 그 화를 복으로 바꾸는 지경을 향해 가기 위해서는 찰나적 자각이 필요하다. 위기의 상황에서 타인을 보는 것이 아니라 바로 그때 나를 보는 것이다. 내 힘을 빼야 한다. 나의 의지와 생각을 내려놓아야 한다. 그때는 내가 뭘 하기보다는 하나님께서 어떻게 하시는지 관찰해야 할 때다. 문제에 밀착되지 말고 문제에서 한 발짝 뒤로 물러나야 한다.

나를, 내 자녀를, 내 부모를, 내 배우자를, 또 당면한 모든 문제를 객관적으로 보는 것은 쉽지 않겠지만 관계나 문제 자체에 매몰되어서는 그 문제를 해결할 수 없다. 파도를 넘지 못한다. 산을 오르지 못하고 중도에 포기하게 된다. 끊임없이 다가오는 파도를 오지 못하게 할 능력이 우리에겐 없다. 순례의 여정에 문득문득 만나는 수많은 봉우리를 피할 재간이 우리에겐 없다. 그것을 있는 그대로 받아들이는 것이 순명이다. 가야 할 길이라면 그냥 가는 것이다. 오른뺨을 맞으면 왼뺨을 내놓고, 오 리를 가자 하면 십 리를 가 주는 것이다. 힘이 빠지면 판단도 분석도 분노도 짜증도 모든 것이 무력해진다. 그 무력해짐의 끝에서 우리는 생각지도 못한 하나님의 섭리를 발견하게 된다. 하나님의 때와 하나님의 역사는 우리의 생각과 판단 너머에 계시기 때문이다. 거친 심호흡을 하고 눈을 감고 온몸에 힘을 빼면서 거친 파도를 견뎌냈을 때 그때의 나는 이미 이전의 내가 아니다. 내가 견디어 낸 만큼 나는 달라져 있다. 놀랍게 변해 있다.

그리스도인에게 모든 화(禍)는 복의 통로가 된다. 수많은 성자와 성인들, 영적 스승들은 바로 이 비밀을 알고 있었다. 그러므로 그 어떤 위기를 만나더라도 그들은 이러한 때에 하나님께서 내게 무슨 말씀을 하시려는지 귀를 기울인다. 절대로 자신의 판단과 생각으로 분노하고 떼쓰고, 짜증 내고, 비관하지 않는다. 오직 예수

이름 하나만 믿고 본토 친척 아비집인 서울을 떠나 물설고 낯선 땅 안골에 내려와서 15년을 살면서 숱하게 많은 파도와 산을 넘어야 했다. 지금도 역시 엄청나게 큰 산을 오르고 있는 중이다. 이 모든 고통을 이겨낸 후 나를 기다리고 있을 그 놀라운 존재의 질적 변화를 설레는 마음으로 기다린다.

16

창의적 인간과 자연

나는 적지 않은 시간 동안 창의성과 창의적 인간에 대해 깊은 관심을 기울여 왔다. 그리고 창의적 인간의 생활방식과 선택, 그리고 그 결과물들에 대해 관찰했다. 창의적 인간들은 삶을 아주 단순화시켰으며 그 단순한 삶 속에서 자신이 관심하는 것에 대해 오롯이 집중했다. 그러한 패턴은 그들이 잠재의식 속에 있던 능력을 마음껏 사용할 수 있게 만들었다. 그들은 상충하는 다른 것들 속에서 공통점을 발견해 내고 그 다른 것을 서로 연결시킬 수 있는 종합적 사고능력을 발휘했다.

놀라운 것은 대부분의 위인들이 어렸을 때 자연 속에서 성장하며 호기심과 관찰력을 키워나갔다는 사실이다. 의식과 무의식을 통틀어 자연은 그야말로 탄력적이고 유연한 환경을 제공한다. 모든 존재를 무한히 품어내는 자연 안에서 아이들은 있는 그대로 받아들여지는 수용의 경험과 창조 세계에 대한 경이로움에 눈을 뜬다. 강요와 질타가 없는 관용적 자연 환경을 통하여 아이들은 무한한 상상력과 자유를 선물로 받을 뿐 아니라 양질의 문화로서의 가치, 즉 선함과 아름다움에 대한 개념을 온몸으로 체험할 수 있게 된다. 그러므로 자연 속에서 마음껏 뛰놀아 본 인간이 가지고 있는 야생적 자유로움은 결코 돈으로 환산할 수 있는 것이 아니다. 아무리 비싼 사교육비를 들인다 해도 얻을 수 없다.

　도시문명의 발달로 자연과 점점 멀어지고 있는 이 시대에는 그런 부류의 인간들을 만나기가 하늘의 별을 따는 것보다 어렵다. 그런 의미에서 나는 오랜 시간 동안 자연을 배제해 온 기독교 문화가 인간의 창조성을 고양시키기보다 오히려 통제하고 제약하는 데 일조해 왔다고 생각한다. 그래서 때때로 예수 믿는 사람이라고 하면 생명력과 유머가 넘치는 인간이 떠오르기보다 왠지 소심하고 유약한, 그리고 체제 지향적이고 보수적인 고리타분한 인간이 연상된다. 자연 속에서 발견되어지는 하나님의 형상, 그리고 그 놀라운 신적 가능성의 세계로 미래의 주역들을 안내해야 할 책임이 우리에게 있지 않은가.

무더운 여름, 아이들과 함께 자연으로 돌아가 그 속에 머물며 잃어버린 눈과 마음을 다시 기억해 내는 것도 무척 의미있는 일이라는 생각이 든다. 또한 태곳적 자연 속에 충만한 하나님의 영을 발견하는 시간을 꼭 가지라고 권하고 싶다. 맑은 공기와 깨끗한 물이 주는 선한 기운으로 다시 창조적 일상을 마주하는 계기가 될 것이다.

17

본질적 질문을 통해 찾아가는 하나님

　이번 여름 안골에서 만난 아이들에게 네 삶에서 하나님을 순위로 매기자면 몇 위 정도 되냐고 물었다. 대부분의 아이들이 하나님의 존재를 1순위로 꼽는 데 주저했다. 하나님은 3, 4순위로 밀려나 있었다. 그럼 대체 1, 2순위는 누구일까? 1순위는 자기 자신, 그리고 2순위는 가족이었다. 그러나 모두 이렇게 대답한 것은 아니다. 중학교 3학년인 유빈이는 하나님은 자신의 삶에서 0순위라고 대답했다. 왜냐고 물으니 자신의 바탕이기 때문이란다. 초등학교 3학년인 어진이는 하나님이 1순위라고 말하면서 그 이유는 자신이 하나님의 창조물이기 때문이라고 답했다.

캠프가 끝나고 고등학교 1학년이었던 한 친구는 후기를 이렇게 적었다.

"이번 2박 3일 수련회를 와서 여러 가지를 얻었다. 중·고등부 친구, 동생들과의 친분, 자연에 대한 인식을 다시 갖기도 하였고, 사랑에 대해 배우기도 하였다. 가장 기억에 남는 시간은 하나님의 서열 정하기였다. 사실 어렸을 때부터 교회를 다니며 많은 이야기를 들었지만, 아직 나의 생활에 직접적인 영향은 미치지 못했다. 그저 교회에 오면 좋은 사람들과 마음이 편안해져서 왔던 것 같다. 교회에 다님에도 기도를 하며 울던 사람들, 사람들에게 예수님을 전도하는 사람들을 이해하지 못했다. 정말 17년을 다니며 예수님을 정말로, 진심으로 믿은 적이 있었는지 모르겠다. 비록 아직도, 그리고 몇 년 동안은 이해하지 못할 것 같지만 나중에 예수님에 대한 진정한 믿음이 생길 거라고 생각한다."

질문을 던져 주면 아이들은 고민한다. 본질적인 물음은 영혼 안에서 소용돌이를 일으킨다. 그리고 끊임없이 생각나게 한다. 나는 초등학교 5학년 때 담임 선생님으로부터 이 세상에서 가장 가치 있는 것은 무엇이냐는 질문을 통해 태어나서 처음으로 형이상학적인 물음에 답을 찾기 시작했다. 이후 모든 선택에 있어서 가치의 유무가 선택의 기준이 되었다. 그 질문이 지금의 나를 만들었다. 진리는 궁구(窮究)되어져야 한다. 가만히 앉아서 교과서 암기

하듯 습득할 수 있는 것이 아니다. 진리가 자신의 삶에서 현실화
되기 위해서는 끊임없이 질문하고 실험해야 한다.

   아이들은 본질적인 질문에 답을 찾으며 성숙해 갈 것이다. 부디
아이들이 그러한 질문에 더 많이 자주 노출되기를 바란다. 가정에
서, 교회에서 그리고 삶의 모든 곳에서.

18

가치 있는 삶은 위대한 선택에 달려 있다

"가치 있는 삶은 위대한 선택에 달려 있다."

이 문장은 고등학교 때 친구가 내 연습장에 적어 준 것인데 이 한 문장이 내 삶을 좌우할 줄이야.

나는 23살에 결혼했다. 대학교 4학년 마지막 학기가 시작하는 9월에. 지금이 9월이니 올해로 결혼한 지 꼭 22년째다. 갓 막 입학한 스무 살의 나는 12살 많고 26세에 뇌출혈로 지체장애 2급의 몸이 된 아저씨를 캠퍼스에서 만났고, 결국 그 아저씨와 사랑에 빠졌다. 돌연 좌반신 마비의 현실을 마주하게 된 그가 가진 진실과 절망이, 멈춘 시공 속에서 나를 향해 발각되기만을 기다리고 있었다는 듯, 내게만 보이는 그것이 너무나 은밀하고 강렬해서 도저히 그냥 지나칠 수 없었다. 마치 밭을 갈다가 혼자 몰래 보물이 든 항아리를 발견한 느낌이랄까.

헤르만 헤세의 소설 『데미안』 첫 장에도 나온다. 세상에는 두 가지 세계가 있다. 밤의 세계와 낮의 세계. 16살에 가출하여 바로 밤 업소에서 베이스 기타로 생업을 삼으며 음악적 삶으로의 유희에 깊이 침착한 아저씨의 이야기는 중·고교 시절 소설에 심취하여 밤을 새며 읽던 문학소녀에게는 그야말로 꿈 같은 이야기가 아닐 수 없었다. 시간이 지날수록 호기심은 사랑으로 바뀌어 가고 있었다. 젊은 나이에 반쪽 날개를 잃고 배신과 모욕의 고통 속에 절망하던 그에게 희망이 되고 싶었다. 그에게 믿을 수 있는 마지막 여자이고 싶었다. 놀랍게도 어느 순간부터 내 눈에 그의 장애는 보이지 않았다. 이렇게 살면 늘 행복할 것 같았다.

그러나 결혼을 위해 돌아온 현실은 참으로 혹독했다. 부모님 입장에서는 그동안 금지옥엽으로 키워 온 딸이 그저 고생길 뻔히 보이는 길로 가게 놔둘 수 없었다. 뭇 사람들이 보기에도 우리의 사랑은 위험했고 무모했다.

세상 사람들을 향한 설득을 포기하고 불도저처럼 밀어붙인 결혼 이후 현실로 부딪히는 모든 것들은 상상 이상으로 나를 힘들게 했고 버겁게 했다. 이상은 현실에서 힘을 발휘하지 못했고 내 스스로도 예상치 못했던 삶의 무게와 내면의 거짓 자아가 주는 수많은 정보에 끊임없이 유혹당했다. 그때부터 나는 나 자신에게 과연 내가 한 선택이 옳은 것이었나를 묻기 시작했다. 그 물음은 오래도록 계속되었고 마침내 답을 얻었다. 답을 얻기까지 20년이 넘는 시간이 걸렸다.

그 물음에 답을 찾는 긴 여정 동안 끝도 없는 고통과 괴로움, 절망의 나락을 경험했지만 그 덕에 나는 새로운 영적 출로를 발견했고, 세상의 물질적·정신적 가치로서는 답을 찾지 못했던 그 물음에 대해 영적인 삶으로부터 명확한 해답을 찾을 수 있었다. 나의 선택은 나로 하여금 본질과 궁극을 향한 길로, 포용과 이해와 관용의 능선을 따라 망망대해와 같은 영원한 진리의 바다로 인도하고 있다는 사실을 이제는 안다.

19

아이들이여, 자유하라!

전설적인 힙합 뮤지션 투팍(2pac)은 이렇게 노래한다.

"사람들이 하려는 일이 말야, 다들 시궁창에서 벗어나려는 거야.

그런 뻔한 주제는 다루기 싫어. 사람들이 나를 볼 때,

내 존재가 뭔가 의미가 있어야 해.

나는 항상 진실을 말해야만 하고, 사람들을 전율케 해야 해.

난 점잖은 척하며 같잖은 뻔한 말 늘어놓기 싫어.

문제에 휘말릴지라도 말이야. 우리 이렇게 살아야 하지 않아?

난 내가 세상을 어떻게 만들거나 바꾸고 싶다고 얘기 안 해.

그렇지만 사람들의 의식을 깨운다면 세상을 바꿀 수 있다고 확신해.

그게 내 일이야. 날 보고 있는 누군가의 의식을 깨우는 것.

내가 계속 진실에 대해 이야기한다면 누군간 세상을 바꾸겠지."

나 역시 투팍의 말에 동의한다. 내가 교육에 대해서 말하려 할 때 그것이 점잖은 척하며 뻔한 말을 늘어놓는 일이 되지 않기를 바란다. 또한 내가 세상을 어떻게 만들거나 바꿀 수 있다는 확신에 찬 어조로 말하는 것을 경계한다. 그저 진실을 말하고 싶다. 우리의 아이들이 맑고 깨끗한 자연 속에서 마음껏 뛰어놀고, 목젖이 다 보이도록 깔깔거리며 웃는 모습을 보고 싶을 뿐이다. 세상의 모든 아이들이 사는 게 죽을 맛이 아니라 살맛나서 미칠 것 같은 세상을 꿈꾼다.

안골 하늘숨학교는 2011년 가을에 시작되었다. 백지에 무언가를 그리려 할 때는 먼저 머리에서 구상을 해야 한다. 그 구상은 아마 오래 전 사교육과 공교육 현장을 넘나들 때부터 조금씩 그려지기 시작했을 것이다. 그러나 서울살이를 접고 자연 속에서의 삶을 선택했을 때, 그리고 자연 속에 충만한 하나님의 영으로부터 삶에 지쳐 있던 나 자신이 치유되고 있음을 체험하면서 하늘숨학교에 대한 구상은 구체화되어가기 시작했다. 안골에 정착한 지 10년 만의 일이었다.

안골 하늘숨학교의 리플렛은 다음과 같은 질문으로 시작한다.

"21세기 최첨단 물질 문명 속에서 늘 학교와 학원을 오가며 분주한 아이들에게 과연 그리스도의 영성이란 어떤 의미일까요? 하루 종일 시멘트 벽 속에 갇혀 사는 아이들에게 자연은 어떤 의미로 다가올까요?"

이 시대가 만들어 놓은 교육의 판은 너무나 따분하고 단조롭다. 거기엔 생명에 대한 경이로움에 가득 찬 감탄이나, 무언가를 알고 싶어 호기심 가득한 얼굴로 기웃거리는 몸짓이나, 자신의 열정을 불태우며 땀 흘리는 모습과 배움에 대한 즐거움이 사라졌다. 과도한 경쟁과 획일화된 직업군, 그리고 인생에서 성공하기 위해 어떻게 줄을 잘 서야 하는지에 대한 안내서만 즐비하다. 그 속에서 아이들은 사랑 대신 두려움으로 인생을 선택하는 법을 배우고, 친구를 적으로 만드는 법을 배운다. 배움을 즐거움으로 인식하기보다 성공을 향한 도구로 생각하며 학교를 간다. 질문이 사라진 교실에는 사교육으로 선행학습해 온 아이들의 따분한 표정과 아무것도 모르는 아이들의 멍한 표정이 공존한다. 근대는 과학맹신주의로 말미암아 사람이 근본적으로 영적인 존재라는 사실을 배움에서 제외시켜 버렸다. 우리의 불행은 거기로부터 시작된다.

리플렛에 담긴 나머지 부분이다.

"삶과 노동이 분리되고, 일과 놀이가 분리되고, 사람과 자연이 분리되는 세태 속에서 아이들뿐만 아니라 어른들 역시 끊임없는 갈등과 분쟁을 경험합니다. 내가 누구인지, 나는 무엇을 위해 이 땅에 보내졌는지 묻지도 않고, 알지도 못한 채 무덤으로 향합니다.

21세기에도 바벨탑은 여전히 존재합니다. 서로 먼저 올라가려고, 조금 더 높이 올라가려고 상대방을 밟고 머리채를 쥐고 끌어내립니다. 안골 하늘숨학교는 그것이 허상이라는 것을, 모래 위에 지은 집이라는 것을, 인간의 끝없는 욕망과 탐욕으로 인해 결국 무너지고 말 것이라는 것을 깨닫는 시·공을 마련합니다.

또한 인간은 만물의 영장이 아니라 자연의 일부임을, 하나님의 창조된 세계 속에서 모든 만물은 서로 하나로 연결되어 있음을 배웁니다.

인간이 개발이라는 명목으로 끊임없이 자연을 훼손한다면 인류 모두 멸망으로 갈 수밖에 없음을 자각하고 생태계의 복원과 회복을 위해 노력하는 생태적 삶이야말로 가장 영성적 삶임을 깨닫고 실천하는 배움터입니다. 하나님은 사랑이시며, 하나님의 형상으로 지음 받은 우리가 사랑하며 살 때야 비로소 우리의 본질을 살아내는 것입니다.

우리는 훼손되지 않은 자연 속에서 창조주의 아름다움을 발견하는 예술적인 방법을 통하여 천천히 한 걸음 한 걸음 영적 진보를 향해 나아갈 것입니다. 함께 친구되어 걸어가시겠어요?"

자연 속에서 아이들은 자연스럽게 무장해제된다. 거기서는 뭘 해도 좋다. 우리는 서로에게 질문하되 답을 강요하지 않는다. 찬란하게 지는 노을을 보며 맨발로 땅을 밟고, 대지에 부는 푸른 바람을 맞으며 쟁기로 부드러운 흙을 간다. 무와 알타리 씨를 비교해 보고 직접 심어 보기도 하고, 친구들과 함께 개를 목욕시키며 깔깔거리며 웃고, 침묵과 호흡에 집중하는 법을 배운다. 함께 음식을 만들어 먹고, 음식을 남기면 설거지를 해야 하기 때문에 밥 한 톨 남기지 않고 깨끗하게 비운다. 아이들은 경쟁하지 않고 자연 속에서 뭐든지 함께 만들고 함께 나눈다. 한 달에 한 번이지만 어느덧 아이들에게 안골 하늘숨학교는 무한경쟁과 끊임없이 비교당하는 피로사회에서 맑은 숨을 쉴 수 있는 통로가 된다.

지금 4년째 안골에 오고 있는 중학교 1학년 유호는 한 달에 한 번 안골에 오지 않으면 병이 난다며 서울에서 예산까지 그 긴 거리를 마다하지 않다가 결국 작년 예산과 가까운 세종시로 이사 왔다. 오는 것도 가는 것도 아무 것에도 강요는 없다. 스스로 선택하는 환경 속에서 아이들이 두려움 대신 사랑을 선택하고, 진정 자신을 사랑하는 것이 어떤 것인지 스스로 깨닫길 원한다. 모든 것을 외부환경의 탓을 하며 무기력하게 주저앉지 않고 내 영혼에 유익하고 유익하지 않은 것들을 취사선택할 수 있는 능력을 믿는 것이다.

내면의 소리에 귀기울이면서 하나님께서 우리 각자에게 부여한 가장 아름다운 모습을 발견하고 좋아하는 것을 향해 성실하고 정직하게 살다 보면 뭔가를 잘하는 사람이 되고, 그것을 자신만을 위한 것이 아닌 이웃과 함께 즐겁게 나눌 수 있는 안골 하늘숨학교 아이들이 어른이 되는 세상은 지금보다 조금은 더 나은 세상이 되어 있지 않을까… 그런 상상이 내게는 보약이다. 그렇게 건강하게 커가는 아이들을 보는 것이 나의 행복이다.

요즘 우리는 1급 발암물질인 초미세먼지로 모든 사람들이 고통받는 현실을 그대로 묵과할 수 없어 자연을 사랑하는 마음으로 매달 환경을 위한 동영상 제작을 계획 중이다.

이번 달에는 인스타그램을 통해 "우리는 자연을 사랑합니다 (We Love Nature)."라는 짧은 구호를 영문으로 제작하여 올렸다. 비록 어리고 가진 힘도 미약하지만 우리 아이들의 이 작은 행보가 하나님이 창조하신 지구 생태계 회복을 위한 밑거름이 될 것이라 믿어 의심치 않는다.

20

뛰어들어라, 인생의 바다에!

"A smooth sea never made a skillful sailor(잔잔한 바다는 결코 노련한 뱃사공을 만들 수 없다)."

이 문장을 대면하고는 바로 무릎을 쳤다. 평탄하고 안정된 삶을 꿈꾸는 사람은 결코 인생의 참맛을 알 수 없다. 뭐든 쉬우면 재미가 없다. 어렵고 힘들어야 비로소 삶의 재미를 알게 된다.

요즘 아이들이 뭔가 하고 싶은 것도 없고, 되고 싶은 것도 없는 이유가 바로 이 지점에 있다. 부모들이 앞장서서 가장 안정적이고 손쉬운 길들을 해결책으로 제시하기 때문이다.

부모 입장에서는 단지 살면서 필요할 거라는 근거 없는 당위감만을 가지고 아이를 사교육 현장에 몰아넣기 때문에 부모의 압력을 거부하지 못한 아이는 부모의 손에 여기저기 끌려다니다 결국 뭐든지 하기 싫어하는 아이가 된다. 또한 공교육에서도 지나친 사교육 열풍을 바로잡기 위한 방편으로 일찍부터 적성과 진로에 대한 교육을 시키고 있는데 이것 역시 우려스럽다. 좋아하는 것이 없는 아이들이 부지기수인 사회에서 아이들은 또 그 질문에 혹사당할 수 있다.

그렇다면 근본적인 해결책은 무엇인가? 가정에서 부모들이 아이들의 기호와 취향과 선호가 생길 때까지 관찰하며 기다려 주는 것이다. 이때 부모의 태도는 걱정과 두려움 대신 사랑에 바탕을 두어야 한다. 그러나 우리 부모들은 불행하게도 이 시간을 기다려 주지 못한다. 다른 아이들보다 빨리 배밀이를 해야 직성이 풀리고, 영어를 한 단어라도 더 많이 암기해야 안심하고, 악기 하나를 더 배워야 흡족해한다. 서울 강남 모교회 중고등부를 담당하고 있는 전도사의 얘기로는 이미 아이들이 중학교 때부터 어느 고등학교, 어느 대학교를 나와야 삶에 유리하다는 것을 잘 알고 있다며, 아이들은 잘 짜진 각본대로 고분고분 부모에게 순종하고 있다고 했다.

반항보다 더 무서운 것이 잘못된 세뇌교육이다. 자신의 삶을 주체적으로 살아가기 위해서, 또한 자신의 삶에 책임을 지기 위해서는 어려서부터 작은 것 하나에서부터 자신이 선택하고, 책임지게 하는 훈련이 필요하다. 물질적으로 끊임없이 편안하고 안락한 삶을 지향하는 것은 인간의 에고가 추구하는 허상으로, 직설적으로 말해 '반생명적'이다. 생명은 연어처럼 거센 물살을 거슬러 올라간다. 생명이 살아 있기 위해서 누군가는 불편함과 귀찮음을 감수해야 한다.

자발적 소외와 가난이 필요한 이유가 바로 여기에 있다. 욕망을 그대로 놔두면 무질서로 치닫고 인간 욕망의 끝은 곧 파멸이다. 내가 아는 벗이 지나친 스트레스로 인해 적지 않은 시간 불면증에 시달리자 서울 강남 일원에 있는 정신과를 몇 군데나 찾아다녔지만 일주일 동안 예약이 꽉 차 수면제 처방을 받기 위해 일주일 이상을 기다려야 했다는 웃지 못할 이야기를 얼마 전 들었다. 21세기의 참담한 피로 사회에서 거친 생명의 바다에 자신을 던져 보지 못한 채 오직 물질적 안락을 추구하는 무리들은 마침내 약물중독 신세로 전락할 수 있다는 사회학자들의 경고에 절실함으로 귀를 기울일 때다.

21

인내를 배우는 삶

안골에 정착한 지 새해를 맞아 16년째가 된다. 그동안 엄청나게 많은 것이 변했다. 그러나 변하지 않은 것이 딱 하나 있다. 겨울만 되면 사택에 출몰하는 쥐, 쥐로 인한 해프닝은 올 겨울에도 변함없이 계속되고 있다. 서울에서 계속 아파트만 살다 내려와 낡은 시골집에 대한 이해가 전혀 없던 터라 하수도나 낡은 주방 벽틈을 타고 들어오는 쥐들의 성화에 적지 않게 맘고생을 했다. 아무리 자발적 소외와 가난을 향한 목회적 선택이라지만 정말 끝도 없는 쥐와의 전쟁에 지칠 때가 많았다. 쥐 때문에 해마다 뚫린 구멍을 찾는 게 일이었다. 그런데 낡은 사택은 블랙홀 그 자체였다. 여기 막으면 저기에서, 저기 막으면 여기에서 추운 날씨를 피해

배고픈 쥐들은 도대체 어디서 들어오는지 모르게 미친 듯이 들어왔다.

초창기 안골교회 간판에는 "하나님을 사랑하고 이웃을 사랑하고 자연을 사랑합니다."라고 써 놓았는데 마음으로는 괄호 치고 '쥐만 빼고' 그랬었다. 쥐 때문에 너무 스트레스를 받으면서 이를 위한 생존 전략은 쥐에 대한 나의 혐오를 바꾸는 것이었다. "쥐도 하나님의 창조물인데 왜 그리 싫어하냐, 쥐는 그저 쥐일 뿐이야?"라며 늘 스스로에게 최면을 걸었다. 그러면서 나 자신에게 묻는다. "도대체 왜 이렇게 살고 있지?" 답은 간단하며 명료하다. "예수 그 이름 때문에…"

그동안은 쥐약도 놓지 못한 이유가 집 안에서 죽을까 봐 그랬는데 요즘 새로 개발된 쥐약은 밖에 나가서 죽게 되어 있다. 그나마 다행이었다. 이제는 쥐가 들어오지 않게 해달라고 비는 대신 쥐에 대한 공포가 줄어드는 것에 대해 감사하고 있다. 그렇게 만 15년을 지내오면서 여전히 쥐가 적응이 되지는 않지만 그래도 전보다는 많이 견딜 수 있게 되었다.

21세기에도 쥐 때문에 고생하는 목회자가 있다는 게 생소할 수도 있겠다. 그러나 이것은 엄연히 현실이다. 그래도 낡은 사택을 새것으로 바꿔달라는 기도는 하지 않았다. 그냥 때를 기다릴 뿐이다. "언젠가 때가 되면 하나님께서 알아서 해 주시겠지." 안골에서 배운 큰 깨달음이다. 더 이상 철부지 어린애로 남지 않기 위하여 그 어떤 불편함과 어려움에도 떼쓰지 않는 법을 배우고 있다. 그것이 바로 인내의 훈련이 아닐까?

어려움과 고난이 오면 우리에게 필요한 훈련이고 깨달음의 시간이라고 생각하며 있는 그대로 받아들이게 되었고 정말 그 시간들이 지나고 나면 놀라운 은혜가 물밀 듯이 밀려들었다. 그런 체험이 켜켜이 쌓여가는 안골의 시간들을 지나고 있다. 그렇기 때문에 날마다 기대된다. 어떤 일이 일어나도 그것은 결국 우리의 영혼에 유익한 것들이다. 언젠간 쥐 없는 사택에 살게 될지 아니면 권정생 선생님처럼 쥐와 한 방에 살아도 아무렇지도 않게 될지는 나의 수련에 달렸다.

22

하나뿐인 인생, 어떻게 살까?

오래 전 쓴 글이지만 가끔 이 글을 꺼내 읽는다.

"…나는 아무도 치우지 않는 쓰레기를 묵묵히 치우는 한 아저씨의 이야기를 〈세상에 이런 일이〉라는 TV프로에서 보았다. 심한 소아마비의 몸으로 개천을 온몸으로 쓸고 다니며 맨손으로 쓰레기를 줍는 아저씨는 그야말로 살아 있는 성인이었다. 그는 어떤 이데올로기도 사상도 가지고 있지 않았다. 그저 그렇게 쓰레기를 줍는 게 좋을 뿐이었다. 13년째 마을 실개천의 쓰레기를 줍다 보니 물이 맑아지고 물고기가 모여들었다. …처음 그 아저씨가 마을에 들어왔을 때 적지 않은 시간 동안 다리 밑에서 살아야 했다. 심한 장애로 인해 사람들이 꺼려했기 때문이다. 다리 밑에 사는 아저씨가 할 수 있는 일은 행락객들이 버리고 간 쓰레기를 줍는 일이었다. 결국 깨끗해지는 마을을 보며 마을 사람들이 마음의 문을 열기 시작했다. 마을 사람들은 마을에 아저씨를 위한 집을 마련해 주었다. 아저씨는 행복했다. 이제야 살아 있는 것 같았다. 밤이면 쑤시는 다리로 인해 약을 한 주먹 털어 넣지 않으면 안 되지만 죽을 때까지 쓰레기를 치우며 살리라고 마음먹는다. 이 학교 문턱에도 가 보지 못하고 평생 앉아서 살 수밖에 없는 심한 장애를 가진 아저씨가 끼치는 영향을 보라. 그 어떤 환경 운동가도 이 아저씨만 한 업적을 이루지는 못했으리라. 아저씨는 쓰레기 줍는 게 진짜 재미있어 죽겠단다. 진짜 재미있으면서 공공의 선을 이루는 일…나도 그런 일을 하루속히 찾아야지. 인생이란….”

안골에서의 삶도 어느덧 16년이란 시간이 지났다. 안골 정착 초기의 나는 이제 막 개척한 교회 사모였지만 어느덧 안골 하늘숨학교 교장이 되었고 무봉리 부녀회장이 되었다. 오늘은 무봉리 부녀회가 주최하는 척사대회날이다. 부녀회에서 정월대보름 행사로 마을 잔치를 벌이는 것은 우리 마을에서 십수 년 만에 처음 있는 일이라 무봉리 3개 부락의 모든 마을 사람들뿐 아니라 면장님과 면사무소 직원들까지 오실 예정이다.

이 척사대회의 목적은 무봉리 사람들이 서로 한마음으로 연합하여 행복한 마을을 만들기 위함이다. 외지에서 와서 마을에 정착하면서 때때로 말도 안 되는 오해와 억측을 받으며 맘고생도 많이 했지만 예수 그리스도만을 바라보며 묵묵히 인내한 시간들이 지나 마침내 마을 사람 모두가 대동단결하는 잔치의 날이다. 나는 마침내 진짜 재미있으면서 공공의 선을 이루는 그런 삶을 살고 있다. 인생이란⋯.

23

___

모래폭풍을 벗어난 후

2016년, 기다리던 봄이 찾아왔을 때 나는 병원에 누워서 새로운 계절을 맞아야 했다. 삶의 목표 중 하나가 절대 병원 문턱도 밟지 않는 것이었는데… 삶은 생각처럼 녹록치 않다. 병원에 3주나 입원해 있다니…

교통사고였다. 바로 눈앞에 25톤 덤프트럭이 영화의 한 장면처럼 한 컷씩 다가오는데 손가락 하나 까딱할 수 없었던 절체절명(絶體絶命)의 무기력함이 여전히 신비로 남아 있다. 아무런 고통도 느끼지 못한 채 의식은 끊어지고, 뭐 하나 부러진 것 없이 깨어났지만 처음에는 원인과 결과를 분석하는 것조차 무의미하게 보였다. 그러면서 이 사건이 초월자 안에서 어떤 의미로 내게 던져 졌는지 살면서 깨달을 수 있지 않을까… 그랬다.

병원에서 나와 내겐 선물 같은 회복의 시간이 주어졌다. 청평에 사시는 친정 부모님 댁에서 물리치료를 받으며 쉴 수 있는 한 달 의 시간. 오롯이 나만을 위한 휴식시간이었다. 출혈이나 골절은 없었지만 뇌진탕으로 의식을 잃었고, 온몸에 타박상을 입은 탓에 물리치료를 받고 나면 고통스러움과 무기력함에 빠져 울기도 많 이 울었다. 그러면서 오래 전 읽었던 무라카미 하루키의 소설 『해 변의 카프카』의 몇 구절들이 떠올랐다.

"…그 맹렬한 모래폭풍으로부터, 형이상학적이고 상징적인 모래 폭 풍을 뚫고 나가야 하는 거다. 그렇지만 동시에 그놈은 천 개의 면도 날처럼 날카롭게 네 생살을 찢게 될 거야. 몇몇 사람들이 그래서 피 를 흘리고, 너 자신도 별수 없이 피를 흘리게 될 거야. 뜨겁고 새빨 간 피를 너는 두 손으로 받게 될 거야. 그것은 네 피이고 다른 사람 들의 피이기도 하지. 그리고 그 모래폭풍이 그쳤을 때, 어떻게 자기 가 무사히 빠져나와 살아남을 수 있었는지, 너는 잘 이해할 수 없게 되어 있어. 아니, 정말로 모래폭풍이 사라져 버렸는지 아닌지도 확 실하지 않게 되어 있어. 그러나 이것 한 가지만은 확실해. 그 폭풍을 빠져 나온 너는 폭풍 속에 발을 들여놓았을 때의 네가 아니라는 사 실이야. 그래, 그것이 바로 모래폭풍의 의미인 거야."

그렇다. 나는 모래폭풍 속을 빠져나온 것이 분명했다. 모래폭풍 이전의 나와 이후의 나는 다르다. 달라졌다. 처음에는 이러한 다름을 받아들여야 하는 것이 슬퍼서 눈물이 났다. 이전의 나로 돌아가는 것이 불가능한 것은 아닌가, 내가 있던 곳으로 돌아가는 것이 어려워진 것은 아닌가 하고… 그러나 그것은 단순히 기우임을 곧 깨달았다. 마치 죽음을 경험한 듯 허허로워진 내 영혼 안에서 궁극적인 두려움이 사라졌다. 무력해진 육체 덕에 불필요하게 이고 지고 있었던 많은 삶의 짐을 내려놓을 수 있었고, 여전히 광야 같은 삶을 더 유머러스하게 받아들일 수 있는 여유가 내 안에 생겼음을 알았다.

어떤 책에서 보았던 것처럼 아무것도 하지 않음이 가장 큰 행함이며, 가장 분주한 행위들이야말로 아무것도 하지 못하는 것이라는 그 말들을 이제는 뼛속 깊이 이해한다. 하나님의 장중 안에서 우연이란 없다. 우리에게 일어나는 모든 사건은 영적 깨달음을 위한 선물임을, 혹 그것이 고통스러워 보일지라도… 은혜 그 자체다.

24

바람의 빛깔로 칠할 수 있을 때까지

5월 안골 하늘숨학교는 초록 가득한 계절의 싱그러움 속에서 '바람의 빛깔(Color of the Wind)'이라는 주제로 모였다. 지는 햇살을 온몸으로 받으며 맨발로 땅밟기를 한 뒤 사각거리는 오이가 들어간 김밥으로 배를 채우고 우리는 디즈니 애니메이션 「포카혼타스」 OST인 '바람의 빛깔(Color of the Wind)'이라는 노래의 가사를 읽으며 서로의 생각을 나누는 시간을 가졌다.

신대륙을 개척하려고 온 영국 백인 남자와 인디안 추장의 딸 포카혼타스와의 운명적인 만남을 그린 영화 「포카혼타스」. 안타깝게도 그들의 만남은 뻔한 해피엔딩이 아니었다.

그러나 그녀와의 만남 속에서 백인 남자는 그가 미처 경험하지 못했던 새로운 자연의 세계에 눈을 뜨게 된다. 인디언을 야만인 취급하며 정복의 대상 즉, 적으로 간주하던 영국인을 대표하는 스미스에게 포카혼타스는 이렇게 말한다.

"당신은 나를 무지한 야만인이라고 생각하죠. 당신은 아주 많은 곳을 다녀 봤으니 분명 그럴지도 몰라요. 그런데 어떻게 당신이 모르는 것이 이렇게 많을 수 있죠? 당신은 당신이 디딘 땅이 당신 것이라고 생각하죠? 땅은 그저 죽어 있는 것이라고 주장할 수 있죠. 하지만 난 알아요. 모든 들과 나무와 존재들은 생명이 있고 이름이 있다는 것을…"

그녀는 젊은 영국인 선장 스미스에게 묻는다.

"푸른 보름달을 향해 늑대가 우는 것을 본 적이 있나요? 아니면 웃고 있는 살쾡이에게 왜 웃는지 물어본 적은요? 산의 목소리로 함께 노래 부를 수 있나요? 바람의 빛깔로 칠할 수 있나요? 이리 와서 숲속의 숨은 소나무 길을 따라 달려 보세요. 땅이 낳은 태양의 달콤함을 머금은 과일을 맛보세요. 우리는 모두 서로 연결되어 있어요. 절대 끝나지 않는 고리 안에서…."

그녀의 말은 분명 도시 문명 속에서 물질에 눈이 먼 채 황금을 찾아 신대륙을 정복하려 온 백인들에게는 터무니없는 것이었다. 그러나 자연과 삶에 대한 포카혼타스의 진정성은 마침내 영국에서 온 백인 청년의 마음을 감동과 사랑으로 요동치게 만든다. 그녀의 이야기는 계속된다.

> "서로 다른 피부색을 지녔다 해도 그것은 중요한 게 아니죠. 바람이
> 보여 주는 빛을 볼 수 있는 바로 그런 눈이 필요한 거죠. 아름다운
> 빛의 세상을 함께 본다면 우리는 하나가 될 수 있어요…."

　초미세먼지가 우리의 폐를 갉아먹는 지금, 우리는 우리의 아이들과 무슨 이야기를 나눠야 할까? 포카혼타스는 친절하게 우리에게 알려 준다. 이 산과 들과 강은 우리의 형제요, 뛰노는 동물들은 우리의 친구라고, 자기와 다른 모습을 가졌다고 무시하려 하지 말고 마음의 문을 활짝 열면 온 세상이 아름답게 보인다고….

25

———

아이는 부모로부터 인생의 첫 수업을 받는다

리차드 로어 신부는 『위쪽으로 떨어지다(Falling Upward)』라는 책
에서 이렇게 말한다.

"우리는 중·고등학교에서 '좋은 부모 되는 법'을 가르칠 필요가 있
다. 왜냐하면 너무나 많은 아이들이 좋은 부모 밑에서 자라지 못한
부모 밑에서 제대로 양육되지 못하고 있기 때문이다. 오늘 우리 사
회의 너무나 많은 사람이 기본적인 인간관계의 기술을 익히지 못하
고 마음 다스리는 법을 수련한 적도 없는 사람들에 의하여 언어적
으로 육체적으로 심적으로 학대받고 있다."

그리고 가정에 대한 어느 영적 스승의 말은 가혹하게 들릴 정도다.

"…가정에서 사랑은 자취를 감춰 버렸다. 처음부터 가정 안에 사랑 같은 것은 없었는지도 모른다. 돈, 권력, 기득권 같은 다른 동기에 의한 정략결혼이었을 수도 있다. 그렇다면 사랑은 시작부터 아예 없었다. 아이들은 마치 자물쇠와 같은 혼인서약으로부터 태어난다. 사랑의 열매가 아니다. 아이들은 태어날 때부터 황폐하다. 사랑이 없는 가정에서 자라난 아이들은 무감각하고 무관심하다. 사람들은 부모로부터 인생의 첫 수업을 받는다. 부모들이 사랑이 없고, 질투와 싸움과 분노로 가득 차 있다면 아이들은 그들의 추한 모습을 보면서 자란다. 아이들의 희망은 파괴된다. 부모들의 인생에 사랑이 없었기에 아이들 역시 인생에 사랑이 있으리라고 믿을 수 없다. …아이들의 감각은 매우 예민하고 날카롭다. 그들은 주위를 둘러보며 끊임없이 관찰한다. 주위에 사랑이 없다는 것을 알게 되면, 사랑은 시 속에나 존재하는 것이라 느끼기 시작한다. 사랑은 오직 시나 상상 속에서만 존재하는 비현실적인 것으로 생각한다. 한번 그렇게 생각하고 나면 마음의 문을 닫아버리기 때문에 아이들의 인생 속에서 사랑은 사라져 버리고 만다."

이런 글을 주욱 읽고 난 느낌은 어떤가? 부모는 아무나 되지 못하고, 아무나 되어서도 안 되지만 결국 아무나 부모가 되어버리는 현실. 세상의 정보와 지식을 축적하기 위해 그렇게도 많은 인적·물적 자원을 투자하면서도 정작 가장 중요한 부모가 되는 것에는 아무런 관심을 기울이지 않는 시대. 모두 무방비 상태로 부모가 되고, 결국 부모가 된다는 것이 얼마나 어려운 일인지 뼈저리게 느낄 즈음 부모 곁을 떠나가는 아이들. 사회의 가장 기초적이고 근원적 단위인 가정이 무너지고 있는 지금, 학교나 교회, 그리고 다른 수많은 교육기관들의 역할은 한계가 있어 보인다.

때때로 안골 하늘숨학교는 아이들을 위한 것이 아니라 부모들을 위한 것이어야 하는 것이 아닌가, 그런 생각이 들기도 한다. 문제 아이들 뒤에는 문제 부모가 있을 뿐이다. 아이들이 문제가 아니라 제 자신을 돌아보고 성찰하지 못한 어른이 문제인 것이다. 이제라도 늦지 않았다. 좋은 부모가 되기 위한 노력과 관심을 포기하지 않을 때다.

26

자연, 아이의 무의식을 깨우다

둘째 채원이가 내일부터 그림 전시회를 한다. 오랫동안 꿈꿔 왔던 일이 현실화되는 순간이라 오늘밤 잠이 안 올 것 같다. 몇 년 전 인근 동네, 슬로시티에 작은 미술관이 생겼다. 미술관 이름이 달팽이 미술관이다. 느리게 사는 삶을 상징하는 달팽이. 보건지소를 리모델링하다 보니 건물은 작지만 이번에 이 지역에서 나고 자란 아이의 그림을 전시하면서 로컬 미술관으로서의 제 역할을 하게 되었다고 박효신 슬로시티 사무국장님은 말씀하신다.

일본에는 시골 동네마다 있는 미술관이 우리나라에서는 왜 이리 어려울까. 문화적 소외를 경험해야 하는 지방 사람들은 여전히 대도시의 다양하고 잦은 문화공연과 전람회를 동경할 수밖에 없다. 지역의 아이들이 지역의 어른들의 도움과 지원을 받아 건강하게 자라날 수 있는 환경이야말로 21세기 대안적 삶이 아닐까 생각한다. 그런 의미에서 채원이의 달팽이 미술관 전시는 의미가 깊다고 하겠다.

아이는 10살 때 창조성이 극대화된다고 했던가, 채원이가 그랬다. 자연에서 태어나 자연에서 자란 채원이는 그야말로 10살 때 집중해서 그림에 몰두했다. 자고 나면 다른 그림들을 그리곤 해서 부모를 놀라게 했다. 채원이가 그린 그림을 전문가들에게 보여 주면 놀라운 천재성을 가지고 있다며 절대로 사교육을 받지 못하게 하고 혼자 더 많은 영감을 가지고 그릴 수 있도록 도우라고 했다.

아이는 형이상학적이고 상징이 가득한 그림들을 그렸다. 모두 내면에서 떠오르는 것들을 그림으로 표현했다. 전문가들의 표현에 의하면 내면에 잠재된 동양적 원형(archetype)이 그림으로 표출되었다고 하면서 채원이의 내면에 이미 모든 것이 분리되지 않고 통합되어 있고 온전성을 가지고 있다고 했다. 사실 채원이가 그림 그리는 모습을 보는 부모는 때론 기쁘기도 하고 때론 두렵기도 했다. 부모로서 기도하면서 어슴푸레 알게 된 것은 채원이의 온전성을 훼손하지 않기 위해서라도 한 개별 존재자로서 좀 더 낮아지고 비움을 따라 오로지 하나님과 하나됨을 놓치지 않고자 하는 것이다. 그것이 천재성을 가진 영적인 아이를 돕기 위한 가장 본질적인 태도가 아닌가 생각된다.

어쨌든 자식은 부모를 더욱 더 정직하고 진실된 삶으로 이끄는 것이 분명하다. 내 딸의 그림은 부모로 하여금 좀 더 나은 사람이 되도록 요청한다. 이 시대의 풍조 속에서 아이들의 내면에 가지고 태어난 온전한 세계는 늘 사나운 세상의 제도와 탐욕스런 어른들과 쓸데없는 고정관념들에 의해 무차별하게 짓밟혀 온 것이 사실이다. 모든 아이들은 천재로 태어나며 뛰어난 잠재능력을 갖고 있다는 것을 아는 사람도 많지 않지만 그 고유한 능력을 펼치기 위해 때론 부모의 무능력함도 필요하다는 것을 아는 사람은 더더욱 많지 않다. 아이들을 뒹굴거리하고 지루하게 만들어야 한다. 그래야 아이가 움직인다.

27

자연으로 돌아가라

서울에서 시골로 삶의 자리를 옮기는 데 있어 18세기 루소는 중요한 부분을 차지한다. 당시 숭실고등학교 젊은 교사들과 자체적으로 세미나를 하고 있었는데 그때 읽은 책이 루소의 『에밀』이었다.

"…도시는 인류의 무덤으로서 몇 세대 후면 여러 민족이 멸망하거나 퇴화할 것이다. 이것을 되살리는 역할은 언제나 시골이 한다. 그러므로 여러분의 아이들을 시골로 보내어 되살아나게 하라. 그래서

사람들이 밀접해 살고 있는 도시의 해로운 공기 속에서 잃은 생기

를 들 한복판에서 되찾도록 해 주어라…"

이 대목을 읽는데 나는 내 딸을 떠올랐다. 당시 큰딸이 초등학교
에 막 입학했는데 도시의 좁은 골목에서 위험하게 달리는 차들로
인해 골목에서 놀지도 못하고, 사교육을 반대하는 엄마로 인해 같
이 놀 아이들이 없었다. 늘 집에서 혼자 노는 딸을 보며 너무 가슴
아팠다. 다른 자식 가르치겠다고 내 자식을 저렇게 내팽개쳐 놓
은 선생이 진짜 선생인가? 늘 마음 한 켠에 자괴감이 들었다. 그럼
에도 불구하고 어린 아이들이 놀이터에서 노는 대신 매일 방과 후
학원을 전전하는 모습은 허용하기 어려웠다. 아무리 놀 친구가 없
어도 내 딸을 그 경쟁의 틈바구니에 끼워 넣고 싶지는 않았다. 그
래서 결국 시골에 가서 목회하고 싶다는 남편의 말에 동의하며 기
꺼이 철밥통이었던 사립 고등학교 교사직을 내려놓았다.

주변에 가게도 식당도 없는 시골 마을에 살면서 불편함은 정말
이지 한두 가지가 아니었지만 진짜 좋은 것은 쉽게 얻을 수 없다
는 마음으로 16년을 살았다. 시골로 내려갈 때 많은 사람들이 큰
딸 희원이의 교육을 걱정했다. 아무 것도 없는 허허벌판에서 아이
를 어떻게 교육시키려느냐고, 부모가 너무 무책임한 거 아니냐는
말까지 들었다. 그러나 희원이는 학교 다니기 싫으면 다니지 말라

고 그렇게 이야기를 해도 학교가 재미있다며 열심히 다니더니 결국 서울에서 대학까지 졸업했다. 그리고 남들의 우려가 무색할 만큼 자연 속에서 내면이 단단하고 매우 독립적이며 창의적인 존재로 자라났다. 어디다 내놓아도 잘살 거라는 확신이 든다.

더구나 대학 가서 공부하지 말고 연애나 열심히 하라는 부모 말은 어찌 그리 잘 듣는지 좋은 사람을 만나 내년 봄에 결혼한다. 내년에 24살이 되는 딸. 가장 예쁠 때 결혼해서 부모로서는 너무나 행복하다. 18세기 루소는 마치 예언처럼 미래를 내다보았다. 21세기, 도시는 점점 인류의 무덤이 되어가고 있다. 그것을 되살리는 역할은 언제나 시골이 한다.

그의 말은 300년이 지난 지금도 여전히 소름끼치도록 유효하다. 우리 딸들은 루소 덕에 푸른 들판의 바람을 온몸으로 맞으며 자라났고, 그래서 내면에 자연의 생기가 가득한 아이들로 자라났다. 순간의 선택이 평생을 좌우하는 찰나를 루소 덕에 맞이하게 된 것이다. 18세기 루소에게 깊이 감사한다.

자연으로 돌아가라!

28

작은 교회라서 행복하다

나는 안골교회가 참 좋다. 안골이라는 이름도 좋고 큰 교회가 아니라서 너무 좋다. 안골교회는 창립 이후 한 번도 부흥회를 하지 않았다. 외적인 부흥을 꿈꾸지 않기 때문에 그렇다. 숫자 늘리기보다는 수련을, 깊이 있는 복음의 이해를, 그리고 삶으로의 실천을 지향한다. 속회도 없다. 안골에 와서 한글을 가르쳐 드렸던 분들이 결국 안골교회의 초대 성도님들이 되셨는데 인근에 가게가 없어 장보는 것이 매우 어려운 동네라 교회를 나오시고 난 후 속회에 대해 여쭤 보니 속회를 하면 교회 안 다니겠다고 하셔서 속회를 포기했다. 목사님이 오시면 뭔가 대접해야 한다고 생각하시는데 대접할 것이 없으니 심히 부담스러운 것이다. 아무리 말씀드

려도 완고하셔서 대신 오며가며 찾아뵙고 아프시거나 나눌 음식이 있을 때 심방하는 것으로 대신한다.

안골의 주일 성수는 한 주를 시작하는 첫 날로서 주일 예배에서 받은 에너지는 한 주를 살아가는 근원적 힘이 된다. 예배가 끝난 후 같이 공동체 식사를 하고 후식을 먹으며 한 주 동안 삶의 이야기나 세상 이야기를 나눈다. 몸이 아프신 할머니들의 넋두리를 들어드리고, 아이들이 커나가는 모습을 관찰하고 때론 함께 밭일을 하거나 대청소도 하고 쉼을 누리다 집으로 돌아간다. 교회에 들어오는 물건이나 먹거리는 늘 함께 나누고, 어려운 일들을 서로 도우며 그렇게 살아간다. 작은 시골마을이어서 가능한 지경이다. 이번 김장도 팔순을 바라보시는 집사님이 배추며 무며 대파며 알뜰하게 다 준비해 주셔서 밭에서 막 뽑은 싱싱한 것들로 김장을 하니 김치가 얼마나 맛있는지. 참 행복하다.

안골교회에서 나는 늘 초대교회 공동체의 기쁨을 누린다. 성도 수가 적다고 걱정해 본 적이 없다. 천국은 숫자의 문제가 아니다. 내가 오늘 지금 이 순간 누리는 하나님 나라가 중요한 것이다. 예수 믿으면서도 왜 그리 걱정 많은 사람들이 많은지…. 맡기는 삶은 결국 순리를 따르는 삶이다. 나는 안골에서 끊임없이 힘 빼는 법을 배우고 있다. 힘을 빼는 것이 복음을 누리기 위한 가장 기본적인 자세라는 걸 알게 되었다. 힘을 포기해 본 자만이 자유를 누릴 수 있는 것이다. 지금의 시국은 힘을 포기하지 못한 어리석은 자들이 나라를 어디까지 망가뜨릴 수 있는지를 보여 주는 가장 극명한 예이다. 예수를 따르는 이들에게 권력은 독점이 아니라 나눔이요, 성공은 가장 낮은 곳으로 내려가는 것이다. 기독교 이천년 역사 속에서 예수를 진심으로 만난 수많은 부자들은 기꺼이 자기 재산을 모두 가난한 자들에게 나눠 주기를 주저하지 않았다. 그러한 기적과 감동이 21세기 한국 교회에서 다시 회복되어야 한다. 권력과 성취와 힘과 성공에 대한 복음의 재해석이 말뿐만 아닌 개인의 삶에서, 그리고 교회 공동체에서 구체적으로 구현되어야 한다. 그럴 때 과연 진리가 우리를 얼마나 자유케 하는지 목도하는 증인이 될 수 있을 것이다.

29

───

뭘 안 할 때 보이는 것들

때로는 뭘 할 때가 아니라 뭘 안 할 때 더 분명히 보이는 것들이
있다. 무언가 끊임없이 성취하기를 강제당하는 세상 속에서 내가
지금 어디에 서 있는지 알기 위해 잠시 멈추어 섰다. 안골 하늘숨
학교가 잠시 휴교에 들어간 것이다. 전적으로 외부 지원이나 시스
템으로 돌아가는 학교가 아니었기 때문에 가능한 지경이다.

시골의 가장 작은 교회가 학교를 운영한다는 것이 가당치도 않
은 상황에서 무려 4년 동안 지속해 왔다. 기적같은 일이다.

한 달에 한 번 모인다 해도 인적, 물적 자원이 너무 적다 보니 에
너지를 많이 쏟아야 했다. 당연히 힘들 때가 많았지만 그때마다

아이들을 만나는 것이 너무나 행복하기 때문에 이 일을 포기할 수 없다고 내 자신에게 다짐해 왔다. 그러나 2017년, 내가 속해 있는 삶 안팎으로 여러 가지 변수들이 발생하면서 나는 일단 나 자신에게 솔직해지기로 했다. 혼자서 감당해야 하는 부분이 많다 보니 체력적으로 많은 어려움을 느끼기 시작한 것에 대해 인정하면서 멈춤의 시간 속에서 끄적거린 메모는 다음과 같다.

'더 은둔하라. 더 깊이 내려가라. 산을 오르는 게 아니라 이제는 땅을 팔 때. 침잠의 시간이 무엇인지 느낄 때…'

잠시 멈춘 걸음 속에서 자유와 쉼을 느끼면서 로마서를 읽는다. 이미 지난 주일 안골공동체 식구들과 함께 나눈 구절인데 계속 마음 속에 맴돈다.

"…사람들은 하나님을 알면서도, 하나님을 하나님으로 영화롭게 해 드리거나 감사를 드리기는커녕, 오히려 생각이 허망해져서, 그들의 지각없는 마음이 어두워졌습니다. 사람들은 스스로 지혜가 있다고 주장하지만, 실상은 어리석은 사람이 되었습니다. 그들은 썩지 않는 하나님의 영광을, 썩어 없어질 사람이나 새나 네 발 짐승이나 기어 다니는 동물의 형상으로 바꾸어 놓았습니다."

(로마서 1:21~23, 표준새번역)

사람들이 만들어낸 우상은 단지 동물의 형상뿐일까? 여전히 뭔가 드러냄으로 보여지는 행위로 존재를 규정하려는 사고와 내적 충동들 또한 우상이 아닐까. 다른 사람들의 눈에는 전혀 보이지 않지만 나 홀로 하나님과 규칙적인 독대의 시간을 갖는 것과 영적 독서의 시간, 그저 존재함만으로도 감사와 황홀함을 느낄 수 있는 시간들, 그 자체만으로도 하나님의 영광을 드러내기에 충분하지 않을까? 깨달음의 카이로스로 인해 새롭게 재편된 하늘과 땅의 도래가 언제일지는 모르나 지금 내가 가던 길 멈추고 내 자신을 돌아보고 있다는 사실 자체가 내겐 유의미하다. 카지노에는 시계와 거울과 창문이 없다. 자신을 돌아볼 여지를 남기는 물건을 아예 차단해 버리는 것이다. 아, 얼마나 무서운 일인가. 나는 지금 시계와 거울과 창문 앞에 서 있다.

30

청년들이여, 사랑을 내일로 미루지 말라

"너와 함께한 시간 모두 눈부셨다.

날이 좋아서, 날이 좋지 않아서, 날이 적당해서 모든 날이 좋았다."

언어의 마법사 김은숙 작가의 작품 「도깨비」라는 드라마에 나오는 대사다. 누군가와 함께해서 모두 눈부셨던 시간이 있는가? 그런 추억을 가지고 있거나 현재 진행중인 사람은 복이 있다. '20대 청춘 매뉴얼을 쓴다면 첫 장에 뭐라고 쓰겠는가?'라는 질문에 30대가 된 공유는 이렇게 대답했다.

"실패하는 것에 대해 두려움을 가지지 않았으면 좋겠어요. 미리 몸을 사리거나 주저하거나 어떤 기로에 섰을 때 20대가 가지고 있는 패기와 혈기를 믿고 비록 실패하고 넘어져서 피가 나더라도 앞으로 가라고 얘기하고 싶거든요. 저는 많이 망설였던 것 같아요. 제 어떤 혈기를 제대로 발휘하지 못한 것 같고 20대 때 가지고 있는 밝고 순수한 에너지나 힘을 마음껏 쏟아내지 못했어요. 제 어떤 미련한 성격 때문에… 근데 그것에 대한 후회가 굉장히 많이 남아요."

유명인으로서 20대의 공유나 N포시대(극심한 취업난 앞에서 청년들이 연애, 결혼, 출산을 포기하는 것을 넘어서 내 집 마련과 인간 관계, 꿈, 희망, 건강, 외모까지도 포기한다는 뜻의 신조어)의 젊은이들이나 사랑을 주저하기는 마찬가지다. 어려서부터 내일을 위해 오늘의 즐거움을 포기하기를 강요당한 아이들이 자라 청년이 되었을 때, 그들은 여전히 잡히지 않는 내일을 위해 오늘의 사랑을 포기한다.

세상은 결코 사랑에 목숨 걸라고 권하지 않는다. 그것은 미친 짓이라고 말한다. 자신이 좋아하고 사랑하는 것에 온몸을 던지는 일이 드물어지는 세상. 안전 지향적인 삶은 삶의 역동성을 훼손하고 지루하게 만든다는 것을 눈부신 20대가 지나고 나면 이내 알게 되고 결국 후회한다.

더더욱 안타까운 것은 아무리 인간 수명이 120세까지 늘어난다

해도 여성의 자궁은 25세부터 노화가 시작된다는 사실이다. 요즘엔 영양상태가 좋아서 여자 아이들의 생리가 더 빨라졌지만 결혼연령은 훨씬 더 늦어지고 있다. 젊고 건강한 엄마들의 씨가 말라가는 것도, 출산율이 세계 최하위로 내려가는 것도 걱정스러운데 한국은 지금 OECD 국가 중 청소년 낙태율 1위 국가가 되었다. 반생명적 문화가 한반도를 뒤덮고 있는 것이다. 그러나 우리는 그들에게 잘못을 물을 수 없다. 모든 잘못은 이 지경이 되도록 무기력하게 있던 기성세대의 책임이다.

비명을 질러대는 젊은이들의 절규에 기성세대들이 온몸을 던져 뛰어들어야 한다. 기성세대가 그들의 사랑을 지켜 주어야 한다. 젊은이들이 마음껏 사랑할 수 있는 세상을 만들어 주어야 한다. 그들의 이야기에 귀를 기울여 주고 부디 사랑을 내일로 미루지 말 것을 부탁한다. 지난 주에 만난 30대 청년은 그런 이야기가 진작부터 듣고 싶었다며, 정말 그렇게 살고 싶었다며 내 앞에서 오랜 시간 울었다. 아무도, 심지어 부모조차 그런 이야기를 해 주지 않았다며… 오, 주여….

31

천천히 지역에서 생명을 돌보다

슬로 처치는 속도, 효율, 성장 만능주의를 거부하고 하나님 나라
의 핵심 가치인 작음과 느림, 이웃에 대한 환대가 넘치는 지역 공
동체의 소중함을 강조하는 교회를 말한다. 크리스토퍼 스미스와
존 패티슨이 지은 책 『슬로 처치(Slow Church)』에 의하면 슬로 처치
가 되기 위해서 가장 먼저 해야 할 일은 한 곳에 정주하는 것이다.

우리는 17년 전 서울에서 예산으로 내려올 때 정주를 택했다.
여기저기 옮겨 다니지 말고 그냥 한 곳에 뿌리를 내리고 살자는
것에 남편과 의견을 같이 했다. 예산군 신양면 무봉리 안골에 교
회를 개척하고 난 후 도시에서 길들여진 몸이 땅에 적합한 형태

로 조율되는 데 꼬박 10년이 걸렸다. 늘 '빨리, 많이, 높이'라는 부사에 둘러싸여 끊임 없는 성취를 향해 매진해야 했던 몸과 마음은 광야같은 허허벌판에서 타율이 아닌 자율로서의 삶에 길들여지는 데 적지 않은 시간이 필요했고, 도시의 공해와 소음에 찌든 몸의 온갖 독소가 제거되는 데에도 오랜 시간이 걸렸다. 또한 외지인을 같은 마을 사람으로 인정하지 않으려는 원주민들의 마음을 돌이키는 데도 오랜 시간이 필요했다. 그들에게 신뢰를 줄 수 있는 것은 단지 일회성 봉사나 선심이 아니었기 때문이다.

서울특별시 시민으로서의 기득권, 그리고 사립고등학교 교사로서의 기득권을 포기하고 시골 가장 구석진 마을로 내려가는 것을 선택했을 때 우리는 이미 철저하게 아래 쪽으로 떨어지기로 작정한 것이다. 부르조아(유산자)에서 프롤레타리아(무산자)로의 자발적 전락은 내 인생 최고의 경험이자 선택이 아닐 수 없다. 그곳에서 만난 이웃은 팔, 다리 없는 지체장애인들, 그리고 시각장애인들, 수혈을 잘못 받아 에이즈에 걸린 이들과 평생 학교 문턱도 가 보지 못한 문맹의 노인들이었다. 예수 그리스도가 말씀하신 진짜 이웃들이 거기 있었다. 서울에서 동료 교사들과 쾌적하고 멋진 카페에 앉아서 사회 정의에 대한 거대담론을 디저트처럼 이야기 나누던 나의 관념적 삶이 처절하게 박살나던 찰나였다. 사회적으로는 지극히 약자이자 주변인으로 전락한 이들이 얼마나 순수한 영혼을 가졌는지 알게 된 그 순간을 잊을 수 없다. 그들이 무지 속에 방치됨으로 고집할 수밖에 없는 치명적 사고의 왜곡마저 순순히 이해할 수 있었다.

예수 그리스도는 안골교회를 통해 시골의 장애우들을 위한 잔치를 벌이고 문맹 극복을 위해 노인들을 위한 문해(文解) 교실을 마련케 하셨다. 전직 교사였던 나는 17년이 지난 지금 무봉리 부녀회장이 되었다. 그리고 무봉리는 생태계 보존과 회복이라는 지향 아래 진행되는 마을 공동체 사업으로 그 어느 때보다 활기찬 봄을 맞이하고 있다. 무봉리에 살겠다고 외지에서 사람들이 들어오고 있다. 슬로 처치는 존재감 없이 버려진 한 마을을 바꿀 수 있다. 슬로 처치로서의 안골교회 이야기는 앞으로도 계속될 것이다.

32

힘이 있으나 힘을 포기한 자가 새로운 인류

오래 전에 읽은 글 중에 이런 글이 있다. 사방이 막힌 어두운 건물 안에 오랫동안 갇혀 있는 사람이 있었는데 빛이 들어올 수 있는 창문을 발견하고 온 힘을 다해 두 손으로 밀었다. 그러나 열리지 않았고 갇힌 사람은 죽을 힘을 다해 밖으로만 밀고 있다는 내용이었다.

상상해 보라. 죽을 힘을 다해 창문을 밖으로만 밀고 있는 사람이 혹시 나는 아닐까? 예수를 믿는다고 하면서도 자신의 고정관념과 편견의 감옥에서 빠져나오지 못하고 자신의 힘만 의지하며 안으로 열린 창을 밖으로만 밀고 있는 이들은 오늘 이 시대에 누구인가? 여기에서 힘에 대한 묵상이 시작된다. 힘을 포기한다는 것. 힘을 쓸 수 있지만 그 힘을 포기하는 것이 바로 '전지전능'이라고 영성가들은 말한다. 예수 그리스도의 '전지전능'은 거기서 비롯된다. 십자가의 신비 역시 그 연장선상에 있다. 힘이 넘치는 사람은 그 힘을 너무 쉽게 쓴다. 그리고 그 힘에 기생충 같은 인류들이 열광한다.

힘이 있는데 힘을 포기한다는 것이 가당키나 한가? 현대자본주의 사회는 여전히 약육강식의 세계다. 인간의 약육강식은 동물의 그것과 다르다. 동물 세계는 철저히 생태적 순환의 고리를 가지고 있다. 비록 어린 영양이 사자에게 잡아먹히는 것이 불쌍해 보이긴 하지만 최후의 포식동물이 없으면 생태계는 무너진다. 그러나 힘을 가진 인간들은 마치 자신이 모든 생명체의 우두머리인 양 힘을 남용하면서 생태계를 사정없이 부숴 버렸다. 힘을 키우는 법만 알았지 힘을 빼는 법을 배우지 못한 인류는 부어라 마셔라 흥청망청하면서 자연을 파괴했다.

폭력 없이 평화롭게 사는 법을 학교에서 배우지 못한 인류는 늘 서로에게 총질을 해대며 전쟁에 열을 올리고 있다. 인간이 만물의 영장이 아니라 자연의 일부임을 자각하지 않는 한 지구상의 수많은 생명들은 전멸하고 말 것이다. 어느 인디언 추장은 이렇게 외쳤다. "언젠가 땅은 통곡할 것이다. 땅은 살려달라고 애원할 것이다. 당신은 한 가지 선택을 할 수 있다. 땅을 도울 것인가, 아니면 죽게 놔둘 것인가? 땅이 죽게 되면 당신 역시 죽을 것이다."

서두의 글을 마저 인용해 보겠다.

"…허용하기란 밀던 손을 놓는 것과 같다. 그러므로 전혀 힘이 들지 않는다. 헛된 힘을 빼는 것이다. 창 밖에는 창조근원의 무한공간이 펼쳐져 있다. 하지만 우리는 스스로 만든 어두운 감옥에 갇혀 있다. 그리고 그 감옥의 창문은 '허용하기'에 의해서만 스스로 열린다는 비밀을 갖고 있다. 오랫동안 밀어붙여 왔던 갈망의 헛된 힘을 빼고 창문으로부터 손을 거둬들여라. 그러면 창문은 저절로 열리고 창조근원의 맑은 햇살이 안으로 비쳐 들어올 것이다."

33

리더가 바뀌면 세상이 바뀐다

지금 대한민국은 이 제목을 온몸으로 실감하고 있다. 새로운 정부가 출발하고 며칠 되지 않아 너무나 많은 것이 달라지고 있다. 이제야 대한민국이 제대로 숨쉬고 있다는 느낌이다. 우리는 적지 않은 시간동안 불통의 시대를 살았다. 그러므로 결론적으로 말하자면 모든 공동체에서 리더가 중요하다. 어떤 지향과 태도를 가진 리더를 만나느냐에 따라 공동체의 운명이 달라진다고 해도 과언이 아니다.

그렇다면 어떤 리더가 좋은 리더일까? 이에 관한 하나의 기억이 있다. 서울에서 예산에 내려왔을 때 당시 초등학교 2학년이었던 큰딸은 작은 분교를 다녀야 했다. 그리고 6학년 때 분교는 면단위의 본교와 통합하면서 초빙 교장선생님으로 바뀌었다. 교장선생님은 분교와 통합하면서 국가로부터 지원받은 돈을 학교를 위해 아낌없이 투자했는데 가장 먼저 한 일이 운동장에 나무를 심는 것이었다. 그림 같은 멋진 소나무들과 다양한 색깔의 철쭉들이 학교 둘레에 가득 심겨졌다.

흙먼지 풀풀 나던 운동장에는 천연 우레탄 트랙이 깔리고 아이들이 사계절 내내 마음껏 축구를 할 수 있도록 인조 잔디가 깔렸다. 좁고 답답하던 식당벽을 헐어 통유리로 바꾸고 그 통유리 너머로는 물레방아가 돌아가는 예쁘고 아담한 연못을 만들었다. 연못 옆에는 전 학년이 참여할 수 있는 텃밭이 준비되었고 도서관과 체육관도 신축되었다. 도서관에는 화상 채팅을 할 수 있는 최첨단 시설이 갖춰졌고 신간들이 끝없이 제공되었다. 도서관 한쪽에는 마루를 만들어 아이들이 마음대로 앉거나 누워서 책을 볼 수 있는 공간도 만들었다.

교실마다 150인치가 넘는 대형 모니터 칠판이 걸렸고, 벤치와 책이 준비된 깨끗한 화장실에서는 하루종일 클래식 음악이 흘러나왔다. 복도마다 푸른 화분들이 가득했고 학교에 갈 때마다 시골 면단위의 작은 학교가 이렇게 좋을 수가 있나 감탄하면서 입을 다물지 못할 때가 한두 번이 아니었다. 결국 그 이듬해 대한민국에서 가장 아름다운 학교로 선정이 되었다.

여기까지는 분교와의 통합과정에서 국가에서 지원받은 돈으로 그렇게 쓸 수 있다고 생각할지 모르지만 알고 보니 교장선생님께서 자신의 월급의 반을 아이들의 도서비로 기부하시고 나머지 역시 학교 운영비로 보태고 계셨다. 읍내에서 꽃집 하는 아내가 번 돈으로 생활하시고 자신의 월급은 모두 학교 아이들을 위해 기꺼이 내놓으시는 교장선생님의 미담을 전해 들은 나는 큰 감동을 받았다.

학교에서 교장선생님의 역할이 이렇게 중요한데 하물며 나라의 대통령은 오죽할까. 당연히 목회자들도 예외일 수 없다. 광장의 촛불이 일구어낸 비폭력 평화 민주주의 시대에 교회 공동체를 이끄는 지도자들 역시 새로운 소통과 성숙한 역사 의식을 가지고 생명과 평화의 길을 일구어야 할 때다. 여전히 리더가 중요하다.

34

한여름 밤 무봉리 마을회관 풍광

무봉리 마을회관에서 어르신들과 목요일 저녁마다 꽃차 동아리 모임에서 이야기를 나눴다. "우리 집 대추나무에 대추가 하나도 안 열렸어, 글씨 대추꽃 필 때 보니께 참새가 까맣게 앉아서 꽃을 따 먹고 있지 머여." 세상에! 참새가 대추꽃을 먹다니… 고추꽃도 따 먹는단다. 어쩐지 교회 마당에 매운 고추를 몇 대 심어 놓았는데 세상 고추가 안 열린다 했더니 이유가 있었다. 누구네 밭에 멧돼지하고 고라니가 들어가 콩이랑 고구마를 다 절단냈고, 멧돼지 발자국은 어른 주먹만 하다고 손을 내미신다. 안 그래도 윗동네는 멧돼지가 가족 단위로 무리지어 다니는데 가장 큰 녀석은 150킬로가 넘어간다는 얘기를 그 동네 사는 아저씨께 들은 적이 있다.

이번 모임에서는 나이가 가장 적은 어르신(곧 70세가 되신다.) 얼굴이 특히 힘들어 보인다. 안 아픈 곳이 없으시다며 울상을 지으니 80세 되신 어르신들이 그 정도면 건강한 거라고 한마디씩 하신다. 사실 마을에서 80세 넘으신 분들 중 농사일을 놓으신 분들이 점점 늘어난다. 농촌에서는 다리, 무릎 수술을 했거나 하기를 기다리는 분들이 너무나 많기 때문이다. 평생 쪼그리고 앉아서 고추 따고, 밭 매고 그러시다 보니 남자든 여자든 다리 관절이 성하신 분들이 거의 없다.

저린 다리를 연신 손으로 문지르시는 어르신들의 얼굴에 움푹 패인 주름살을 보고 있노라니 한숨이 절로 나온다. 한반도의 온도는 점점 올라가는데 농촌에는 병든 노인들밖에 없고 죽어라 농사지은 쌀들은 애물단지가 되어 가고 있는 현실. 그럼에도 불구하고 자급자족을 위해서 쌀농사를 포기할 수 없는 상황인데 먹지도 않고 남아도는 쌀을 위해 쓸데없는 보조금을 농촌에 너무 많이 지불하는 거 아니냐는 기사를 볼 때마다 정말이지 화가 치민다. 토종 먹거리를 잃는 것은 나라를 잃는 것과 마찬가지다. 농자(農者)는 천하지대본(天下之大本)이라 하지 않았던가.

수레국화차와 박하국화차까지 마시고 나서 어르신들께 알로에 팩을 하나씩 얼굴에다 붙여드린다. 날이 뜨거워도 고추를 따야 하

는 상황이라 얼굴의 화기를 덜어드리고자 함이다. 따뜻한 차로 온
몸이 덥혀진 상태에서 시원한 알로에 팩을 얼굴에 붙이신 어르신
들은 하나둘씩 주무시기 시작한다.

농촌지역 마을 공동체 사업이 오직 수익 창출을 목표로 하지 않
아야 하는 지점이 바로 여기에 있다. 농촌에 계신 연로하신 어르
신들이 진짜로 원하고 필요한 것은 무엇인가. 그들의 지치고 고
단한 육신이 쉴 수 있는 공간과 사람이라곤 온종일 다녀도 구경할
수 없는 곳에서 두런두런 삶을 이야기할 수 있는 시간이다.

전국 농촌에서 진행되고 있는 마을 공동체 사업에 어마어마한
돈이 정부로부터 지원되지만 전해오는 얘기로는 장기적으로 그리
고 성공적으로 지속되는 마을은 드물다고 한다. 실패의 요인에는
여러 가지 이유가 있겠지만 씨족사회로 구성된 노인 중심의 시골
마을에 산업사회로부터 야기되는 수익 창출과 효율의 잣대를 들
이대는 행정도 문제일 수 있다고 본다. 여전히 돈은 어떠한 가치
로 쓰여지느냐에 따라 약이 될 수 있고, 독이 될 수 있다. 나는 내
가 살고 있는 무봉리가 마을 사람들이 함께 무언가를 해서가 아니
라 그냥 함께 있어서 행복한 마을이 되기를 소망하고 꿈꾼다.

35

딸아, 네 꿈이 엄마여도 좋다

사랑하는 딸들아!

나는 여전히 너희가 나를 "엄마!"라고 불러줄 때 감동하고 설렌다. 그러면서 "내가 엄마라 불릴 자격이 있는가?"를 나 스스로에게 묻게 되는구나.

생각해 보니 나는 너희와 만나기 위해 네 아빠와 결혼한 것이더구나. 다른 사람들이 볼 때 무리수였지만 내가 불도저처럼 강행한 이유를 이제야 알겠다. 너희와 혈연으로 맺어진 인연에 대해 하늘에 지극히 감사한다. 너희를 내 품에서 키울 수 있었던 것만으로도 나는 어떤 힘듦과 고난을 다 견뎌낼 수 있었다. 너희 존재가 내 삶에 늘 원천적인 에너지를 가져다주었기 때문이지. 내가 내 삶에서 성취한 그 어떤 것보다 나는 엄마여서 너무나 행복하다. 엄마일 수 있다는 것이 얼마나 큰 축복이고 영광인지 말로 표현할 수 없다. 너희를 키우면서 느꼈던 기쁨은 세상 그 어떤 것도 줄 수 있는 것이 아니다. 10시간 넘는 산통으로 온몸의 마디마디가 분해되고 찢겨져 나가는 것 같은 고통 속에서도 너희 역시 세상에 나오려고 내 뱃속에서 똑같은 고통을 감내하고 있다는 사실이 얼마나 경외롭고 감동적이던지… 너희들을 낳기 전만 해도 아무 데서나 등만 대면 자던, 둘째가라면 서러울 정도의 잠보였던 내가 갓난아기의 미세한 숨소리를 확인하기 위해 밤새 내내 그 작은 코에 귀를 대고 있었던 모습을 생각하면 나 스스로도 믿기 어려운 변화였다.

참으로 엄마는 위대하다. 모성애는 모든 생명을 자기 자녀로 인식하는 힘이다. 모성애는 인류에 대한 보편적 사랑과 동정심의 원형이다. 고로 모성애는 하늘이 주신 생명 에너지이다. 새로운 생명을 잉태하는 것처럼 위대한 사역은 없다. 그것은 하나님이 여성들에게 주신 놀랍고도 고유한 특권이며 하나님의 창조 사역을 몸소 체험하는 존재가 여성들인 것이다. 그런 의미에서 요즘 많은 젊은 여성들이 결혼을 기피하고 출산을 포기하는 것은 참으로 안타까운 일이다. 그것은 자본주의 사회와 물질문명이 빚어낸 비극

이기도 하다. 사회가 점점 각박해지고 생명을 생명답게 키우기 어려운 조건으로 가고 있다. 그러나 그것을 끊임없이 구조와 사회제도의 탓만으로 돌려서는 역시 답이 없다. 개개인의 생명의식에 대한 깊은 성찰과 실천이 동반되어야 한다. 성숙한 그리스도인들이 아름다운 생명문화를 창출해야 할 때다.

너희는 자라면서 내게 모든 기쁨들을 다 주었으므로 너희에게 건강 외에는 바라는 것이 없다. 나는 감히 너희를 담보로 내 욕심을 채우거나 부모에 대한 의무를 다하라고 강요할 생각이 없다. 우리는 우리를 부모로 선택하여 하늘로부터 내려온 너희에게 이 땅에서 이뤄야 할 존재의 목적을 잘 감당할 수 있도록 힘껏 돕는 자로의 소명을 맡았다. 그리고 그것이 얼마나 가치 있는 일인지도 안다. 우리는 부모의 역할을 감내하면서 삶에서 인내와 책임을 배울 수 있었고 너희가 부족한 부모를 위해 얼마나 놀라운 인내심을 발휘하는지도 알고 있다. 고맙고 미안하다. 너희로 말미암아 하나님의 마음을 더 많이 헤아리게 되었다. 그러므로 딸들아, 너희의 꿈이 엄마여도 좋겠다. 부디 좋은 엄마가 되어다오.

36

영혼의 언어를 배우다

지난 9월 안골 하늘숨학교는 오랜만에 감신대 대안교육실습팀과 다시 함께 하게 되었다. '영혼의 언어 배우기 - 침묵, 직관, 감정'이란 주제 아래 매우 실험적인 시간을 가졌다. 실험적이라 함은 주제에 대한 어떤 프로그램도 미리 의도하지 않고 2박 3일 동안 토론하고 논의되는 것으로 하늘숨학교의 프로그램을 함께 정하기로 한 것이다. 어느 참가자의 후기로 2박 3일의 일정을 옮겨본다.

첫날에 자기소개를 하려고 다같이 둘러앉아 있는 우리의 모습이 생각이 난다. 무엇보다 자신의 숨소리를 찾아보라며 종소리를 들려

주셨던 목사님. 그렇게 나의 숨소리에 깊게 집중해 본 것은 인생에서 처음이었던 것 같다. 숨소리에 집중하다 보니 다른 소리는 침묵 가운데 잠겼고, 자연의 소리가 들렸다. 바람소리부터 시작해서 그 바람에 의해 잎과 가지들이 흔들리는 소리, 새가 움직이며 내는 소리, 끼익대는 문소리 등등⋯ 참 좋았다.

그 시간이 결코 지루하지 않았다. 그대로 가만히 있고 싶었다.

⋯우린 저녁을 먹고 다시 둘러앉았다. 그 시간엔 토요일 하늘숨학교 프로그램의 주제가 될 '침묵, 직관, 감정 - 영혼의 언어'에 대해 이야기했다. 교장선생님의 말씀 중 제일 기억에 남는 것이 있다. '자기 자신을 사랑하지 않으면 남을 사랑할 수가 없다. 미움 받을 용기를 가져라.' 생각해 보니 나는 여태 사람들의 시선에 맞춰 살아온 것 같았다. 머리를 한 대 맞은 기분이었다. '난 위선자였구나.' 누군가에게 나의 감정을 표현한다는 것은 분명 어려운 일이다. 난 살아오면서 감정을 표현하지 않고 숨기는 것이 관계를 위한 것이라고 생각했다. 그것이 좋은 것인 줄만 알았다. 하지만 내가 틀렸다. 관계 개선을 위한 것이 감정을 표현하는 일이었다. 그것이 나 자신을 사랑하고 또 누군가를 사랑하는 모습이라는 걸 알게 되면서 조금은 어렵겠지만 가까운 사람과의 관계에서 감정 표현하는 것을 연습해 보아야겠다고 다짐했다.

⋯안골 하늘숨학교 아이들과의 첫 대면은 날 너무 설레게 했다. '이 친구들에게 무엇을 배울 수 있을까?' 실제로 아이들에게 배운 것이 더 많았다. 자발적으로, 적극적으로 자신의 생각을 이야기하는 모습은 나를 돌아보게 했다. 아이들과 '노래'로 감정을 표현하는 시간

을 가졌다. 자신의 내면(감정)을 살펴보고, 자신에게 해주고픈 말들을 기존에 있는 노래에 개사해서 넣기로 했다. 다들 너무 잘 따라와 주었고, 잘 해 주었다. 아이들의 가사를 보면서 나도 모르게 울컥했다. '아이들의 내면은 참 깨끗하고 순수하다. 이 아이들의 눈에는 맑은 것들만 있구나.' 나도 모르게 노래를 부르던 중 눈물이 왈칵 쏟아져 나왔다. 아이들의 마음이 예뻐서 감동이기도 했지만, 나의 내면이 말하고 있는 감정을 돌이켜보고, 스스로에게 해 주고 싶은 말들을 가사로 풀어내니까 모든 것이 다 풀리는 기분이었다. 그 시간 하나님께 정말 감사했다. 침묵하면서 나의 감정에 귀 기울여 보는 것, 직관을 통해 나의 감정을 인식하는 것, 자신의 영혼이 무엇이라고 이야기하는지 스스로 제일 잘 아는 것. 다 중요했다. 중요한 것들을 배웠다.

결과를 의도하지 않는 것에는 늘 용기가 따른다. 우리는 무질서하고 불확실한 상황 속에서 오직 하나님의 뜻을 구했던 예수 그리스도를 잊지 않으려 한다. 두려움 대신 사랑을 선택하는 것은 우리를 늘 아름다운 자리로 인도한다.

37

作고 가난한 것의 가치

지난 달 안골 하늘숨학교 모임에 큰 교회에 다니는 4학년 남학생이 새로 왔다. 식사시간에 그 친구가 대뜸 묻는다. "여기가 교회예요? 근데 교회가 왜 이렇게 작아요? 어떻게 교회가 이렇게 작을 수 있어요?" 입이 어찌나 야문지 쉴 줄을 모른다. 이렇게 작은 교회는 처음 본다는 그 아이의 말에 큰 교회보다 작은 교회가 훨씬 더 많다며 웃음으로 응대했지만 얼마나 순진한 대답이었는지 나중에 무척 후회했다. 초등학교 4학년이 아무리 큰 교회만 다니고 있다고 해도 주변에 작은 교회가 있다는 것을 모를 리 없다. 그저 뽐내고자 나온 추임새이리라. 자기가 다니는 큰 교회가 전부인 양 알고 있는 그 아이의 태도는 본인이 의식하든 의식하지 않든 간에 물량주의적 사고의 지배를 받고 있다. 그것은 영적 존재들에게 비극적인 사건이다.

예산의 강원도라 불리는 무봉리 안골에서 17년 동안 작은 교회를 섬기면서 늘 스스로에게 질문을 한다. 교회는 왜 존재해야 하는가? 내가 생각하는 교회는 하늘 에너지가 응집된 곳이다. 하나님의 거룩한 뜻이 일상에 실현되는 것을 목도하는 증인된 삶을 위해 날마다 그의 나라와 그의 의를 구하는 수련의 삶이 동반되어야 하는데 교회는 그것을 깨닫고 성찰하고 결단하게 하는 통로가 되는 것이다. 그러므로 교회의 고유의 역할이 생긴다. 기도와 거룩한 독서와 예배, 그리고 친교와 공동체성의 구현을 위한 하나됨을 향해 나아가는 것. 또 한 교회는 영적인 존재로서의 정체성을 일깨워 주는 장소이자 내가 어디로 가야 하는지 안내해 주는 길잡이 역할을 한다. 그러므로 교회의 크고 작음은 전혀 문제가 되지 않는다.

영적 수련의 장으로서 교회는 온전히 그 본질적인 역할을 잘 감당하고 있는지를 살펴야지 교인 수가 많고 적음을 따지거나 교회 건물 사이즈에 집착할 일이 아니다. 안골교회가 물량주의자들의 눈에는 작고 가난한 시골 교회일지 몰라도 난 한 번도 작다거나 가난하다는 느낌을 받은 적이 없다. 내게는 모든 것이 완벽한 곳이다. 부족함이 없고 날마다 풍요를 경험하는 아주 영적인 곳이다. 그리고 구원은 세상의 모든 사람들에게 열려 있지만 예수 그리스도는 유독 가난하고 병든 자, 권력과 힘의 변두리에 있는 자들에게 집중한 것을 보면 나는 예수가 특히 사랑했던 사람들을 이웃으로 두고 있는 셈이다. 적어도 안골교회는 교회의 겉모습에 취하거나 장사하기 위해 인맥을 만들거나 교회가 제공하는 문화 생활을 즐기러 오는 사람은 없다.

우리는 360도 돌아보아야 하늘과 땅밖에는 보이지 않는 광야에 살고 있는데 그곳에는 믿고 의지할 것이 오직 하나님뿐이다. 결국 광야는 우리 영혼에 있어서 오아시스 같은 곳이다. 광야에서 우리는 우리 영혼에 꼭 필요한 고요와 침묵의 언어를 배운다. 토마스 키팅 신부는 침묵만이 하나님의 첫째가는 언어이며, 그 외의 다른 모든 것은 서투른 번역일 뿐이라고 말했다. 영적인 삶에서는 작고 가난한 것이 훨씬 더 고귀한 가치를 가진다. 이것이 영적 삶의 반전이요, 비밀이다.

38

하늘 에너지가 작동하는 방식을 허하라

2018년, 또다시 새로운 해를 맞이한다. 새해가 되면 하늘로부터 새하얀 도화지를 선물로 받는 느낌이었다. 매번 도화지에는 무엇을 어떻게 창조적으로 그려 볼까? 기대와 설렘이 가득했던 것 같은데 올해는 그러한 기대와 설렘보다는 그저 덤덤하게 새해를 맞는다. 인생사 새옹지마(塞翁之馬)다. 그것은 곧 삶의 현상적인 것들에 일희일비(一喜一悲)하지 않게 됨을 의미한다. 대신 내게 다가오는 모든 일들은 우연이 아님을 안다. 그것은 어떤 메시지를 가지고 있다. 그러므로 나는 최대한 내 생각을 내려놓고 그것에서 하늘의 소리를 들으려 귀를 기울인다.

안골에서 성취와 소유 대신 존재하는 법을 배우면서 내가 매순간 집중하는 것은 '충만한 생명력'이다. 순간순간마다 두려움과 걱정이 스멀거리며 기어들지만 바로 그때 숨에 집중하고 침묵을 통해 내면에 평화를 채워 나간다. 때론 짧은 기도문을 계속 암송하기도 한다. 또한 날마다 영적 스승들의 권면이 담긴 거룩한 독서도 게을리하지 않는다. 그러한 수련을 통하여 이제는 어떻게 해야 삶이 선순환되는지를 알게 되었다. 먼저 감사하는 태도를 잃지 않는 것. 이것이 풍요의 제 1법칙이다.

우리가 항상 기뻐할 수 있을까? 대부분의 사람들은 어떻게 항상 기뻐하냐고 대번에 따지듯 물을 것이다. 그러나 도저히 기뻐할 수 없는 상황에서도 기뻐하는 사람에게는 복이 온다. 그 기쁨이 또 다른 기쁨을 불러오기 때문이다. 그래서 그 불러온 기쁨으로 말미암아 그는 자신에게 당면한 어려움과 고통을 이겨낼 힘을 얻게 되고 마침내 온전한 기쁨 속에 거하게 된다. 하늘 에너지의 작동방식은 바로 이런 것이다. 감사는 또 다른 감사를 불러들인다. 감사할 수 없는 지경에서도 먼저 감사하면 감사하는 삶이 창조된다. 그러면서 삶에 역동적 에너지가 내면 깊숙한 곳으로부터 흘러 넘친다. 그것이 우리 삶의 윤활유가 되고 생기 있게 만든다. 더 이상 내 삶에서 아픔이나 불행, 그리고 불만과 짜증, 괴로움에 집중하지 않는 이유다.

2017년도 참 잘 살았다. 모든 것이 주님의 은혜다. 이제 2018년을 시작하면서 기억할 것이 있다. 삶을 있는 그대로 받아들인다는 것은 삶에서 일어날 수 있는 모든 가능성을 배제하지 않는 것뿐 아니라 나의 한계가 어디까지인지도 냉정하게 판단할 수 있어야 한다는 것. 나는 여전히 삶을 분주하게 만드는 함(doing)에 몰두하지 않고 충만한 생명으로 존재(being)하는 것에 더 집중할 것이다. 이는 하늘로부터 오는 거룩한 에너지를 고갈시키지 않고 제대로 누리기 위함이다. 하늘의 영이 충만한 생명은 따뜻하고 부드러우며 고이지 않고 아래로 흐른다.

따뜻하지 않은 것은 살아 있는 것이 아니요. 살아 있어도 죽은 것이다. 소로우가 『월든』에 쓴 문장을 인용하며 마치려 한다. "나는 삶이 아닌 것은 살지 않으려고 했으니 산다는 것은 그토록 소중한 것이다."

39

죽음 앞에서 답을 찾다

원고청탁을 받을 때만 해도 사순절 새벽기도를 하면서 느낀 내 영혼의 고요와 평화에 대해 글을 쓸 작정이었다. 그러나 다음날 시어머니가 위독하시다는 전화를 받고 급히 병원이 있는 인천으로 올라가야 했다. 나는 지금 임종을 앞두고 마지막 숨을 가쁘게 쉬고 계신 시어머니 옆에서 이 글을 쓴다. 삶이란, 죽음이란… 만감이 교차하는 밤. 내가 살면서 이런 순간을 몇 번이나 맞닥뜨릴 수 있을까?

임종을 앞둔 어머니의 마지막 순간을 이렇게 세밀히 목도할 수 있는 시간은 차마 은총이다. 삶과 죽음은 하나로 이어져 있으며 죽음은 영혼에게 본향으로 돌아가는 아름다운 길이다. 선조들은 어떻게 알았을까? '죽었다'라고 하지 않고 '돌아가셨다'라는 말만큼 적절한 표현은 없는 것 같다. 우리가 원래 왔던 곳으로 다시 돌아가는 것. 흙으로 빚은 육체는 땅으로, 하나님의 생기는 다시 하늘로 자기 자리를 찾아 그렇게 돌아간다.

돌아갈 자리를 찾는 어머니의 여정은 순탄치 않아 보인다. 벌써 15년 동안 치매로 고생하셨고 의사가 마지막이라고 한 지 3일이 지났는데도 이승에서 발걸음을 주춤하시는 걸 보면 아직 이생에 대한 미련이 남으신 건가, 아니면 마지막 미세한 여력이라도 다 소진하셔야 새털같이 가벼운 질량으로 절대적 세계에 진입할 수 있는 것인가…

죽음 언저리에 서 계신 어머니를 바라보고 있노라니 그 옛날의 기억들이 파노라마처럼 흘러간다. 큰딸 희원이를 낳았을 때 시부모님이랑 같이 살고 있었는데 손녀딸이 귀한 집이라 몇 가닥 되지 않는 갓난 아기의 배냇머리를 예쁘게 해 주시겠다고 그 가늘고 미끄러운 머리카락을 열심히 묶으시던 어머니의 모습이 떠오른다. 입담 좋은 할머니 덕에 희원이는 다른 아이들보다 일찍 말문이 터졌고 어머니는 당신이 알고 있는 모든 노래를 사랑스런 손녀딸에게 남김없이 불러 주시곤 했다. 산후병 때문에 오랫동안 병치레를 했던 어머니가 키워주신 손주는 희원이뿐이었다. 희원이는 할머니의 외롭고 아픈 삶 속에서 큰 기쁨이었다.

숨이 가쁜 어머니의 머리맡에서 나직한 목소리로 감사 인사를 전했다. 어머니가 잘 키워 주셔서 희원이가 건강하게 잘 자랐고, 사랑하는 사람을 만나 결혼도 하고 행복하게 잘 살고 있다고, 그동안 고생 많으셨다고… 그리고 젊어서 중도장애인이 된 아들 때문에 그 누구보다도 늘 가슴 아파하셨던 어머니셨기에 제가 잘 돌볼 테니 걱정하지 마시고 편한 마음으로 가시라고 말씀드렸다. 어머니 하늘길 가시는 길목에서 내 마음을 전할 수 있는 이 밤이 그저 감사할 뿐이다.

호탕하게 웃기를 잘하시고, 김치를 너무나 맛있게 담그셔서 갓 시집온 새댁이 매일 밥을 고봉으로 먹게 하시던 어머니. 그저 사는 것에 바빠 잘해드린 것 없는 자식으로서는 그저 죄송하고 미안한 마음 뿐이다. 죽음을 앞둔 사람들이 하나같이 후회하는 것은 살아서 더 많이 사랑하지 못한 것이라던가. 그러고 보면 인생은 참 단순하다. 좀 더 사랑했는가? 죽음의 문턱에서 어머니가 내게 주시는 물음이다.

40

자목련의 영성

오늘 아침 거실 커튼을 젖히는데 탄성이 절로 나온다. 예배당 한 켠에 선, 10미터도 넘는 거대한 키를 자랑하는 자목련이 그 요염한 꽃망울을 한껏 터뜨리고 있는 것이 아닌가! 나는 한동안 거실 창문에서 눈을 떼지 못했다. 아침의 싱그러움과 자색의 신비로움을 가득 담은 수많은 꽃들이 나를 사로잡았다. 아, 이렇게 좋을 수가…. 자연은 그 자체로 놀라운 치유 능력을 가졌는데 바로 그 비결은 사람을 아무 이유 없이 그냥 기분 좋게 만든다는 것이다. 꽃이 아름답다고 느끼는 데 무슨 조건이 필요하단 말인가. 창문을 통해 보고 있다가 이내 옷을 걸치고 마당으로 나간다. 목련 나무 앞 가장 가까운 거리에서 꽃들을 바라보고 있노라니 그 시공은 나를 17년 전으로 데려간다. 17년 전 역전 장날, 회초리만한 작은 묘목을 사다 심은 것이 이렇게 내 키를 훌쩍 넘다 못해 예배당 지붕을 넘어 그 온 가지에 자색 목련을 꽃피울 줄 누가 알았겠는가. 순간 '자목련의 모습이 혹 나의 모습은 아닐까?'란 생각이 들었다.

나도 그렇게 안골의 켜켜이 쌓인 수많은 시간들 속에서 성장했고 영혼의 확장과 성숙을 경험했다. 안골살이 10년이 지나자 서울에서 머리카락 한 올마다 쌓였던 독들이 빠지고 여기저기 긁힌 상처들은 자연이 주는 '그냥 좋음'의 선물을 통해 치유받고 회복되었다.

내가 영혼의 회복을 통해 알게 된 것은 결과에 연연하지 않는 것, 어떤 결과든 겸손하게 있는 그대로 받아들이는 것, 그리고 어떤 상황에서든 내 생각대로 판단하거나 분석하지 않고 그 너머에 있는 신의 섭리를 발견할 때까지 기다리는 것이다. 내 생각과 판단을 내려놓을 때 상황은 훨씬 더 좋아질 수 있음도 배웠다. 그리고 가장 결정적인 것은 하나님께서는 늘 언제나 우리에게 가장 좋은 것을 주시길 원하신다는 것이다. 지금 혹여나 내게 고통스런 일이 있다 해도 그것은 영적 성장과 성숙을 위해 유익한 수련의 과정일 뿐이라는 것을 깨닫고 난 후 나는 전에 없던 자유를 누리게 되었다. 누군가와 비교하거나 판단하여 내 자신에게 생채기를 내는 일은 이제 하지 않게 되었다.

또한 자극과 반응 사이에 공간이 있다는 빅터 프랭클의 말처럼 그 어떤 자극 속에서도 즉자적이고 감정적인 반응을 일으키기보다는 일단 멈춰서 관찰하는 시간을 가지게 되었다. 그 공간 속에서 내 자신을 해치거나 남 탓을 하지 않으면서 내 영혼을 위해 가장 좋은 선택을 할 수 있게 된 것이 가장 놀라운 변화다. 이러한 깨달음 속에서 늘 충일한 감사가 쏟아진다. 아, 하나님께서 내게 가장 좋은 것을 주시려고 서울을 떠나게 하셨구나…. 서울에서 포기한 기득권은 지금 내가 안골에서 누리고 있는 것에 비하면 먼지만도 못한 것이다. 하나님께서는 내게 가장 최적화된 환경을 허락하신 것이다. 할렐루야!

자목련의 밑둥이 작년보다 더 굵어졌다. 보기만 해도 참 든든하다. 하늘에서 나를 볼 때도 같은 마음이었으면 좋겠다. 사순절 내내 새벽마다 복음서를 묵상하며 얼마나 깊은 감동을 받았는지 모른다. 예수가 가는 곳마다 치유와 회복의 역사가 일어나지 않았던가. 예수의 제자로서 내 삶도 그러하길 바란다. 2018년 부활의 날부터 시작된 나의 봄은 이제 자목련과 함께 만개하고 있다.

41

자연을 통해 영혼의 자유를 맛보다

올해도 감신대 대안교육실습팀이 안골을 찾았다. 그들을 맞는 내 태도에 변화가 생겼다. 2개월 동안의 사교육 체험을 통해 미래의 주인공이 될 세대에게는 자연 속에서의 쉼이 절대적으로 필요하다는 것을 절실히 깨달았다. 당연히 안골 하늘숨학교 프로그램도 재편되었다. 내가 중요하다고 생각하는 것을 내려놓고 아이들의, 아이들을 위한, 아이들에 의한 하늘숨학교를 만들어야겠다는 의지를 다지면서 먼저 아이들의 관심사를 조사했다. 그들의 관심사를 공유하고자 다음달 하늘숨학교에서 아이들이 주체적으로 할 수 있는 순서를 만들었다.

이러한 변화의 연장선상에서 이번 실습팀도 만나기 한 달 전부터 단체 카톡방을 통해 자기 소개와 개개인의 관심사, 삶에 대한 생각, 교육에 대한 문제의식을 공유하면서 그들에게 가장 필요한 것과 절실함이 무엇인지를 파악하고 2박 3일을 함께 보냈다. 그들을 위한 맞춤식 안골 하늘숨학교였다. 이번에 참가한 학생의 후기를 옮겨 본다.

'여유'라고는 조금이라도 찾을 수 없었던 숨 막히던 이전의 삶 속에서 '안골'이라는 커다란 선물을 받게 된 것. 안골은 제게 큰 선물이었습니다. 도시 생활에 익숙해진 저에게 목 부러질 듯 높은 빌딩이 아닌 푸르른 숲을, 하늘에서 쏟아질 듯한 별과 맑고 깨끗한 공기를, 또 바람결이 나무를 스치는 소리와 개구리들의 떼창까지 어느 것 하나 빼놓지 않고 너무 완벽했습니다! 푸르른 숲에 둘러싸여 혼자 기타를 치는 저만의 버킷리스트도 안골에서 이루었습니다. 잠시 잊고 살았던 바람소리를 듣는 게 도대체 얼마만인지 곰곰이 생각하며 입가에 미소를 띄우며 단잠을 이룬 그날, 내 삶을 위로해주던 그 시간, 절대 잊을 수 없을 것 같습니다! 사모님과 팀원들과 함께 이야기를 나누며 현 교육의 현실을 다시금 깨닫고, 저보다 더 삶의 여유가 없이 수많은 곳에서 치이고 묶여 있을 아이들을 다시 바라보게 되었고, 그들에게 '쉼'을 주는 교사, 그들의 숨막힘을 뚫어 주는 교사가 되기를 바라며 소통과 공감이 없는 이 시대 속에서 아이들이 기뻐할 때 함께 기뻐하고, 슬퍼할 때 함께 울어 주는 그런 교사가 되도록 늘 성실히 노력하겠습니다.

올 한 해, 여러 수업을 들으며 '질문'이란 게 얼마나 강력한 힘이 있으며, 한 사람을 변화시킬 수 있을 만큼 소중한 것임을 깨달았지만, 머리로만 알고 있었고 실제로 질문을 해 본 적이 그리 많지 않았습니다. 하지만, 이번 안골에서 스스로 질문을 생각하고, 궁금한 것을 질문했던 그 시간, 제게는 엄청난 용기를 불어넣어 주는 아주 의미 있는 시간이었습니다. 손을 들고 질문하는 것, 그것은 부끄러운 것이 아니라, 배움의 첫걸음이라는 것을 확실히 깨달았습니다! 사모님과 목사님의 귀한 섬김으로, 완득이의 귀여운 애교로, 각 팀원들의 재능과 협력으로, 더욱 풍성했고, 더 깊었던 안골에서의 시간들이었습니다. 절대 잊지 못할 것 같고, 스스로 힘이 들고, 쉼이 필요할 때, 이 안골의 추억을 꺼내어 다시 올 그날을 기대하며, 기다리겠습니다. 다시 한번 감사드립니다.

42

나의 하늘은 아직 무너지지 않았다

또다시 병원에서 글을 쓴다. 이번에는 남편이다. 지난 7월 1일 새벽, 4개월 동안 생명을 연장 받으신 어머님이 마침내 돌아가셨다. 폭우가 쏟아지던 날. 예배를 마치고 부랴부랴 인천에 있는 장례식장으로 올라가는데 남편이 무척 힘들어했다. 혼자 연신 "나는 잘 버틸 수 있어."를 입으로 되뇌일 때 알아봤어야 했다. 3일장을 마치고 장지에서 하관예배를 드릴 때 비 온 후 땅이 질어 불편한 몸으로는 올라갈 수 없었던 것이 못내 아쉬웠나보다. 남편은 불편한 몸으로 힘들다고 삼오제 가는 것을 말리는 형제들을 뒤로 하고 아주버님과 먼저 일찍 집을 나섰다.

출발한 지 10분 정도 되었을까? 아주버님의 다급한 목소리가 전

화기를 타고 들려온다. 갑자기 어지럽고 메스껍다며 차에서 내린 남편은 그대로 쓰러졌다. 급히 응급실로 옮겼으나 이미 뇌출혈로 의식을 잃은 상태였다. 나는 너무나 순식간에 내게 닥친 일들이 믿기지도 않을 뿐더러 무엇을 어떻게 해야 할지도 몰라 미친 듯이 소리를 지르며 울부짖었다.

하늘이 무너져 내린다는 표현은 단지 문학적 수사가 아니었다. 이미 34년 전 뇌출혈로 사망선고를 받았던 적이 있는 남편은 "내가 다시 뇌출혈 되면 죽는다고 의사가 말했어. 언제 터질지 모르니 당신은 늘 마음의 준비를 하고 있어." 이 말을 결혼한 후부터 내 귀에 딱지가 앉도록 들었고 나는 늘 항상 준비되어 있으니 걱정말라고 큰소리쳤었다. 그러나 막상 실제 그런 상황이 오니 전혀 준비되어 있지도, 될 수도 없는 것임을 알았다.

중환자실에 온 지 만 하루가 지난 오후 다시 출혈이 발생하면서 상태는 급격히 악화되었다. 이대로 가면 밤에 운명하실 수도 있다는 의사의 말에 큰 충격을 받았다. 후유증은 둘째치고 생존을 위한 마지막 수술이 진행되었다. 선택의 여지가 없었다. 저녁 6시 반에 시작된 수술은 새벽 1시 넘어서 끝났다. 애타게 수술 결과를 기다린 내게 돌아온 결과는 뜻밖에도 참담했다. 부종이 너무 심해 이 정도면 바로 사망이라는 거다. 수술이 너무 어려웠다며 당연히 마음의 준비를 해야 한다고 했다. 사망확률은 90%. 장례 이야기들이 오고 갔다.

다음 날 아침 병원에 도착하니 고모가 의사 이야기를 전한다. 극적으로 환자의 상태가 좋아졌다는 것이다. 사람을 알아보는 것 같다며…. 기적이 일어났다. 수술은 성공적으로 끝났지만 아직도 매우 위험한 상태라며 의사 선생님은 이제부터 시작이라고 말씀하셨다.

나는 여전히 중환자실 앞 의자에 앉아 있다. 나의 하늘은 아직 무너지지 않았다. 희망은 여전히 남아 있다. 아직 이 땅에서 남편이 해야 할 일이 남은 모양이다. 나와 더 깊이, 더 많이 사랑하는 일. 내가 남편을 이렇게 의지하고 있는 줄 몰랐다. 오랜 시간 남편은 나의 좋은 친구이자 연인이었음을, 그리고 내가 남편을 얼마나 많이 사랑하고 있는지도 알게 되었다. 지금 이 시간에도 도처에서 수많은 사람들이 남편을 위해 기도하고 있다. 너무 감사하다. 한 생명을 살리고자 이렇게 많은 사람들이 합심하여 기도하다니. 그 응집된 사랑이 죽어가는 생명을 소생시키는 각본 없는 드라마를 쓰고 있다. 결과는 주님께 맡긴다. 분명한 것은 하나님 나라는 결과에 있는 것이 아니라 과정에 있다는 것. 기도를 통해 우리를 하나로 묶어 주시고 고통 속에서도 사랑을 통해 새 역사를 이루시는 주님께 감사드린다. 남편은 결국 살아날 것이다.

43

하늘에서 보낸 메시지

'남편은 결국 살아날 것이다.'

지난번 원고의 마지막 문장은 감사하게도 현실이 되었다. 그동 안 남편은 모든 위험의 고비들을 아슬아슬하게 넘기면서 중환자 실과 집중치료실을 벗어나 지금은 재활병원에서 재활치료를 받 고 있다. 나는 여전히 병원에서 이 글을 쓰고 있지만 마음은 감사 와 사랑으로 가득하다. 죽음과의 사투를 벌이던 남편은 언제 그랬 냐는 듯 빠른 회복을 보이고 있다. 뇌간과 소뇌의 동시 출혈로 의 식이 돌아올 확률 10% 미만이었고, 몸도 전신마비의 가능성이 꽤 높다는 의사의 소견과는 달리 의식은 완벽하게 돌아왔고, 물리치 료사에 의하면 몸의 오른쪽은 아예 마비가 오지 않았다고 했다.

A4용지 가득했던 후유증은 간데없고 날마다 상식을 뛰어넘는 기적과도 같은 일이 벌어지고 있다.

한 번도 아니고 두 번씩이나 뇌출혈된 사람을 살리신 하늘의 뜻은 과연 무엇일까? 34년 전 뇌출혈 당시 남편은 병실에서 자신을 향해 다가오는 아주 밝은 빛을 보았다고 했다. 그 빛이 자신에게 정면으로 쏟아지는 것을 보고 깜짝 놀라 피하는 순간 '시편 118편'이라는 음성을 들었다. 그러나 당시 교회도 다니지 않았던 남편은 시편이 뭔지도 몰랐다고 했다. 후에 성서를 읽게 된 남편은 다시 자신이 병실에서 받았던 말씀을 기억해내었고 놀랍게도 시편 118편에서 자신을 살리신 하늘의 뜻을 발견하게 되었다.

"내가 죽지 않고 살아서, 주님께서 하신 일을 선포하겠다.
주님께서는 엄히 징계하셔도, 나를 죽게 버려두지는 않으신다."

(시편 118:17~18, 표준새번역)

하늘이 주신 이 말씀으로 인해 남편의 인생은 180도로 바뀌었다. 결국 늦은 나이에 신학대학을 진학하여 목회자가 되었고 안골에서 18년 동안 여호와의 행사를 선포하였다. 나는 늘 들었지만 자신을 특화시킬 수 있다며 다른 사람들에게 말하기를 꺼렸던 이 이야기를 남편이 중환자실에 있던 주일, 시편 118편을 교독하며 교회 식구들과 함께 나눴다. 남편이 그렇게도 미루었던 이야기를 이제는 할 때가 되었다고 생각했다. 딸들도 모르는 이야기였다.

그러면서 내심 두 번째 메시지를 기다리고 있었다. 아니나 다를 까 재활병원에 온 지 나흘째 되던 어제 오후 시편 23편을 종이에 적어달라고 부탁했다. 나는 스케치북을 사다가 크게 적어서 잘 보이는 곳에 붙여 주었다. 남편은 이 말씀을 통해 하늘의 놀라운 평화가 자신에게 임하고 있다고 거듭 말했다.

> "주님은 나의 목자시니, 내게 부족함이 없어라. 나를 푸른 풀밭에 누이시며 쉴 만한 물가로 인도하신다. 나에게 다시 새 힘을 주시고, 당신의 이름을 위하여 바른 길로 나를 인도하신다. 내가 비록 죽음의 그늘 골짜기로 다닐지라도, 주님께서 나와 함께 계시고, 주님의 막대기와 지팡이로 나를 보살펴 주시니, 내게는 두려움이 없습니다. …진실로 주님의 선하심과 인자하심이 내가 사는 날 동안 나를 따르리니, 나는 주님의 집으로 돌아가 영원히 그곳에서 살겠습니다."
>
> (시편 23:1~4; 6, 표준새번역)

한 달 동안 죽음의 골짜기를 다닌 남편 곁에는 늘 주님께서 함께 하고 계셨던 것이다. 할렐루야!

44

무심의 삶으로

주일 예배에서 시편 131편을 공동체 식구들과 함께 읽는다. 안골 교회가 사랑하는 말씀이다.

"주님, 이제 내가 교만한 마음을 버렸습니다. 오만한 길에서 돌아섰습니다. 너무 큰 것을 가지려고 나서지 않으며, 분에 넘치는 놀라운 일을 이루려고도 하지 않습니다. 오히려, 내 마음은 고요하고 평온합니다. 젖 뗀 아이가 어머니 품에 안겨 있듯이, 내 영혼도 젖 뗀 아이와 같습니다. 이스라엘아, 이제부터 영원히 오직 주님만을 의지하여라."

(시편 131편, 표준새번역)

이 말씀을 읽을 때마다 마음이 편해진다. 이상하게도 서울 살 때 다니던 대형교회에서는 이 말씀으로 설교하는 목사님을 한 번도 본 적이 없다. 말씀도 역시 만날 만한 때에 만나게 되는 모양이다. 천천히 이 시편 말씀을 곱씹다보면 순서가 보인다. 교만한 마음과 오만한 길에서 돌아선 사람은 너무 큰 것을 가지려고 나서지 않으며 분에 넘치는 놀라운 일을 이루려고 하지 않는데 오히려 마음이 고요하고 평온하다는 거다. 마치 엄마 품에 안겨 있는 듯. 말씀을 읽는 순간 나열된 문자들은 곧 영상으로 화하여 엄마 품에 안겨 곤히 자고 있는 아기의 모습이 눈앞에 펼쳐진다. 아… 얼마나 평화로운 광경인가!

삶의 목적은 삶 그 자체라고 한 괴테의 말이 늘 마음 한켠에 머물러 있다. 꼭 목적의식과 목표를 가져야만 사는 것은 아닌 것을… 살아 있다는 것 자체만으로 얼마나 놀랍고 경이로운 일인지 남편을 잃을 뻔하고서야 알게 되었다. 남편이 이 세상에 살아 있다는 것만으로 그저 고맙고 더 바랄 것이 없다. 존재하는 모든 것들은 존재 그 자체로 이미 기적이다. 그러므로 이제는 아둥바둥 정신없이 허겁지겁 살고 싶지 않다. 살아 있는 것들을 살뜰히 대하며 살고 싶다. 그것은 무심(無心)이라는 말로 표현될 수 있을 것 같다. 좋은 것과 나쁜 것의 경계가 무너지는 지경을 살아가는 것은 무심으로만 가능하다. 매사에 일희일비하지 않고 마음과 감정을 일으키지 않고 사는 단계. 무심은 그냥 바라보는 것과 관계가 있고 그냥 바라보는 것이 곧 관상적 삶이다. 모든 일에 어떤 판단이나 평가를 배제하는 것. 그것은 힘을 빼는 것과도 연관이 있다. 우리는 쓸데없는 것에 너무나 많은 안테나를 세우고 불필요한 에너지를 쏟는다. 그래서 정작 본질적인 것에 쏟아야 할 에너지가 없다. 이제는 정말 그렇게 살고 싶지 않다. 수많은 사람들이 내뱉는 감정이나 평가, 분석의 소용돌이에 말려들어가고 싶지 않다.

그런 차원에서 남편은 내게 큰 스승이다. 남편 덕에 침묵수행을 통하여 불필요한 에너지를 소비하지 않는 법을 조금씩 터득해 나가고 있다. 고요히 평화 가운데 머물러 있는 것만으로 족하다는 것을 알게 된 것이 너무 감사하다. 더 이상 무언가를 성취하지 않아도 불안하지 않고 두렵지 않다. 더 이상 크고 위대한 일을 하려 하지 않는다. 마음이 이렇게 편할 수가 없다. 좀 더 작은 것들에 정성과 예의를 갖추는 삶. 천천히 삶의 찰나와 과정들을 눈여겨보고 하나라도 허투루 대하지 않는 그런 삶을 살고 싶다.

45

중학생 딸과 잘 지내는 법

둘째 채원이가 중학교 3학년의 마지막 계절을 보내고 있다. 며칠 전 학기말 고사를 앞두고 수학여행을 떠나기 전날 밤 함께 기도하는데 울컥한다. 안골에서 태어나서 아장아장 걷던 녀석이 언제 저렇게 컸나 싶은데 이제 얼마 후면 고등학교에 들어간다니. 내 곁을 떠날 때가 얼마 남지 않았다. 초등학교 내내 자신이 마치 스티브 잡스의 후예인 양 날마다 검은 티셔츠와 청바지 두 벌로 바지가 해질 때까지 번갈아 입던 채원이에 대한 우려는 중학교 1학년이 되자 깨끗이 사라졌다. 빠알간 틴트를 바르기 시작하고 교복 치마가 짧아질 무렵 꼭 그렇게 다른 중학생들과 똑같이 살아야 되겠냐는 내 질문에 채원이 대답이 가관이다. "이때 아니면 또 언

제 해 봐? 그러다 말아. 걱정 마." 그 천연덕스러운 대답에 나는 박
장대소했다. 그 웃음은 더 이상 딸아이의 변화에 걱정하지 않겠다
는 응답이기도 했다. 과연 또래집단의 집단 일탈이라고 생각할 수
있는 부모들의 우려를 충분히 잠재울 만한 대답이었다. 시대가 바
뀌었고 아이들이 자기 자신을 찾기 위한 시간 속에서 분출되는 집
단적 행동일 수 있는데 굳이 그걸 너무 걱정할 필요는 없겠다 싶
었다.

초등학교 6학년부터 아이돌 그룹 방탄소년단(BTS)을 좋아하
기 시작할 때도 한편으론 걱정스러우면서도 아이가 좋아할 때는
뭔가 이유가 있겠지 하며 그냥 지켜만 보고 있었는데 남편은 같
이 뮤직뱅크를 보면서 방탄소년단 노래를 함께 듣고 있는 게 아닌
가? 가사도 열심히 따라하면서 방탄소년단이 나온 영상들을 녹화
해 주기까지 했다. 그때는 사춘기 딸을 이해하기 위한 나이 든 아
빠의 눈물겨운 노력이라고만 생각했는데 지금은 내가 BTS 팬이
되었다. 작년 겨울 방학에는 방탄소년단의 해외 인터뷰를 딸과 함
께 섭렵했다. 딸아이와 함께 좋아하는 음악을 듣고 좋아하는 뮤지
션에 대해 토론하고 드라마나 뉴스를 같이 보며 이야기를 나눈다.
그러면서 깔깔대며 웃고 수다를 떤다. 딸이 좋아하는 것들에 대해
선입견이나 고압적인 태도를 버리고 일단 관찰하면서 이해하려
했던 태도들이 오늘 대한민국을 살아가는 중학교 딸과 싸우지 않

고 재미있게 지낼 수 있었던 비결인 것 같다.

그렇다고 잔소리를 아예 안 했던 건 아니었다. 건강한 습관을 위한 잔소리는 끊임없이 계속되었다. 예배시간에 늦지 말 것, 신던 양말과 젖은 수건은 세탁기에 넣을 것, 학교 갈 때 전원코드 꼭 끄고 갈 것 등등 거울 앞에 붙여 놓은 지켜야 할 원칙들은 여러 가지지만 서로에 대한 신뢰가 밑바탕에 깔려 있으면 엄마의 잔소리에 짜증을 내거나 딴지를 걸지 않는다. 성탄절까지 4복음서를 통독하기로 한 것에도 이의가 없다.

그 누구보다 10대 아이들은 반항이 아니라 소통을 원한다. 반항은 공감과 소통이 없는 곳에서 일어난다. 적당한 거리에서 알아도 모르는 척, 너무 밀접하게 관여하지 않으면서 삶의 중요한 원칙들은 지키되 그들의 생각에 공감과 지지를 보내준다면 대한민국의 심각한 중2병은 없어지지 않을까? 그들의 성장통을 관대함으로 지켜보면서 응원해 주면 참 좋겠다.

46

나는 왜 그리스도인인가?

2018년에도 어김없이 성탄절이 다가왔다. 왜 예수를 믿는가? 왜 예수를 따르는가? 누군가 나에게 이렇게 묻는다면 나는 분명하게 말할 수 있다. "멋있기 때문에!" 거창한 답을 기대했다면 실망할 수도 있겠다. 그러나 짧지 않은 세월을 살면서 예수처럼 멋있는 사람을 본 적이 없다. 그리고 삶 자체로 나를 그렇게 설득한 존재를 만나지 못했다. 멋있는 사람이 되고 싶어서 나는 예수를 따른다. 한 번 사는 인생이라면 예수처럼 살다 가고 싶다.

늘 예수를 생각하면 가슴이 뛴다. 예수의 말씀은 내가 왜 살아야 하는지에 대한 답을 알려 준다. 예수처럼 살면 정말 행복할 거라

믿었는데 그 믿음은 지금껏 틀린 적이 없다. 예수는 지혜를 사랑했고, 하늘 아버지의 뜻에 순종했다. 인간적 고뇌가 없는 분도 아니셨다.

그는 순수했고 용감했다. 가식과 허위에 찌든 당시의 종교 지도자들에게 독설을 퍼붓고 위선과 부패에는 분노를 감추지 않았다. 장사판으로 변한 성전에서 무리들을 향해 채찍을 휘두르기까지 했다. 예수는 진리를 사랑했다. 늘 아프고 병들고 가난한 이웃들과 함께 했으며 권위적이지 않았고 사람들로 하여금 자신을 친구라 부르도록 했다. 그는 어린 아이들을 지극히 사랑했으며 호시탐탐 그를 죽이려 하는 무리들 가운데서도 주눅드는 법이 없었다.

그는 화석화되던 율법의 본질이 사랑임을 선포하고 하나님이 곧 사랑이심을 세상에 전했다. 기꺼이 십자가의 고통을 떠안고 마침내 부활하셔서 죽음이 끝이 아님을, 영원한 삶으로의 소망을 온몸으로 드러내신 분. 그의 메시지가 선포된 곳마다 계급과 신분의 벽은 허물어지고 성별과 나이와 빈부를 떠나서 모두 동등한 인격체로서 존중을 받았다. 예수를 만난 이들은 시대의 구습과 속박으로부터, 가식과 허위로부터, 거짓과 과장으로부터 돌아섰다. 궁극적인 회개가 시작된 것이다. 그러면서 영혼의 자유를 느꼈다. 소유에 집착하지 않고 경쟁하려 하지 않았으며 서로 떡을 떼고 나누며 가난한 이웃을 섬기기에 앞장섰다. 이천년 전에 오신 예수로 인해 세상은 끊임없이 사랑의 에너지를 선순환하며 변화하고 있다. 여전히 그 반대 급부가 숙제처럼 남겨져 있다 하더라도.

며칠 전 내 블로그를 들여다보다 2016년 12월 26일에 쓴 일기를 발견했다.

"…성탄 예배를 드리면서 눈에서는 뜨거운 눈물이 흘렀다. 아기 예수가 아니면 내 삶은 어떻게 되었을까. 내가 안골에 사는 것은 전적으로 예수 때문이다. 아니 예수 덕분이다. 예수를 따르는 길은 오르막길이 아니라 내리막길이다. 사람들은 내리막길을 가면 망한 거라지만 예수를 믿는 사람들에게는 그 내리막길을 웃으며 갈 수 있다. 그것이 곧 생명의 길이기 때문이다. 물처럼 아래로 아래로 흘러가는 길. 자기를 쪼개고 쪼개어 바람이 되고 꽃이 되고 공기가 되어 마침내 하늘로 돌아가는 길. 그 길로 초대받아 그저 감사하고 행복하다. 아무것도 바랄 게 없다. 여전히 모든 것이 족하다."

예수를 인격적으로 만난다는 것은 참으로 가슴 벅찬 일이다. 가슴 밑바닥에서부터 솟아나는 진실함과 가슴 뜨거움으로 아기 예수의 탄생을 축하한다.

2부

2부의 글은 2019년 『주간 기독교』에 실린
'교육과 영성' 주제글 모음입니다.

1

새로운 인류의 태동, 각성한 아이들이 오고 있다

    얼마 전 인터넷을 검색하던 중 지난 11월 말 호주 전역에서 학생들이 파업을 선언했다는 기사를 보고 놀라움을 금치 못했다. 기사에 의하면 학생들은 자신들 앞에 놓여 있는 중대하고 시급한 문제를 해결하기 위해 등교 거부를 계획했는데 그들이 생각하는 수업보다 더 중요한 것은 바로 자신들의 미래와 직결되어 있는 기후변화였다. 호주 학생들의 파업은 스웨덴의 한 학생으로부터 영향을 받았다고 한다. '그레타 툰베리'라는 이름의 스웨덴 여학생은 '기후를 위해 등교를 거부한다.'는 피켓과 함께 정치인들을 향해 "스웨덴은 점점 더 뜨거워지고 있다. 하지만 정치인들은 기후변화를 막기 위해 아무 것도 하지 않는다. 그래서 나는 학교 수업을 거부하고 정치인들에게 스웨덴 땅이 건강해지도록 노력하길 촉구한다."며 강력하게 항의했다고 한다.

기성세대는 상상할 수 없는 새로운 인류의 행보는 이미 시작되었다. 새로운 인류로서 스웨덴에 그레타 툰베리가 있다면 한국에는 전 세계를 음악으로 강타한 보이그룹이 있다. 방탄소년단이 그들이다.

"한국은 지난 60년간 2개의 위대한 업적을 남겼다. 첫째는 민주화와 산업화를 달성한 것이고 둘째는 방탄소년단을 배출한 것이다." 이기철 유니세프 한국 위원회 사무총장이 한 외국인 외교관으로부터 들은 이야기를 기사로 접한 적이 있다.

그들은 중소기획사 소속으로 2013년에 데뷔했다. 방탄소년단의 '방탄'은 총알을 막아낸다는 뜻이다. BTS는 같은 뜻의 영어 이름인 블릿프루프 보이즈(Bulletproof Boys)의 약자로 "우리 세대가 사회적 편견에 휩싸이거나 억압받는 것을 막아내고 자신들의 음악과 가치를 당당히 지켜내겠다."는 의미다. 대형 기획사들이 상품처럼 찍어내듯 만들어내는 획일적인 아이돌 그룹문화에 대한 비판적 시선 속에서 과연 자신들이 하고 싶은 음악과 삶에 대한 가치를 지켜낼 수 있을까 하는 수많은 의구심과 비난에도 불구하고 그들은 지독한 노력과 성실을 바탕으로 한 계단 한 계단 성장해 나가면서 2018년 전 세계가 주목하는 최고의 보이 그룹(boy group)이 되었다.

한국 가수 최초로 미국 '빌보드 200'에서 한국어로 된 앨범으로 두 번이나 1위를 차지했고, 최근에는 전 세계에 한국 위상을 높이고 한국 문화를 알린 공로로 정부로부터 화관문화훈장까지 받았다. 그들의 성공 스토리는 전 세계적으로 이슈가 되고 있지만 그들이 음악을 통해서 삶의 의미와 가치를 추구하는 행보는 더욱 놀랍다. 그들은 자기 자신을 사랑하는 것이 중요하다는 메시지를 담은 「Love myself」란 곡을 통해 전 세계 수많은 사람들에게 치유와 위로를 선사했다.

그들은 또한 이전 세대에서는 상상도 할 수 없었던 세계를 대상으로 한 청소년 보호 캠페인을 벌이고 있다. 유엔 유니세프(UN Unicef)와 협력하여 진행하는 엔드 바이올런스(#ENDviolence)가 그것이다. 세계의 아동, 청소년들을 폭력에서 보호하기 위한 캠페인이고 이것을 실현하기 위해 전 세계적인 캠페인 러브 마이셀프(LOVE MYSELF)를 진행하고 있다. 이러한 행보로 말미암아 BTS는 마침내 유엔 총회에 초대되었다. 자신이 하고 싶은 음악 속에서 삶에 대한 지향과 가치를 전 세계인과 더불어 공유하는 BTS 역시 신인류다.

새로운 인류의 놀라운 행보는 전 세계 곳곳에서 발견된다. 이들은 기성세대의 잘못된 신념체계가 만든 감옥에서 자유롭게 해방시키기 위해 기존의 시스템을 부수는 개혁가들이고 또 한편으로는 인간에게 내면의 평화와 신성을 가르칠 영적 스승들로서 온 것이다. 지금 가정교육과 학교교육의 문제는 이러한 새로운 인류를 알아보지 못한다는 것이다. 구태의연한 과거에 사로잡힌 어른들에 의해 그들이 이상한 아이들 취급을 받는다는 것. 학교를 뛰쳐나온 많은 아이들 중에서 매우 영적이고 천재적인 역량을 가진 아이들이 많음에도 단지 체제에 적응하지 못한다는 이유만으로 그들은 문제아 취급당한다. 세상이 악할수록 인류는 더욱더 영적인 것들을 갈망한다. 우리는 새로운 인류에 대해 몰라도 너무 모른다. 그들에 대해 적극적으로 관심을 가지고 그들을 알아야 한다. 또한 그들의 고귀한 영혼이 훼손되지 않도록 도와야 한다. 그것이 우리 인류가 살 길이다. 그들은 우리의 스승으로 이 땅에 보내졌다. 그들에 의해 마침내 이 세상은 커다란 변화를 맞이하게 될 것이다.

2

얘들아, 너희는 무슨 재미로 사니?

　자본주의 사회 속에서 물질주의에 사로잡혀 분별력을 잃어버린 부모들로 인해 고통당하는 수많은 어린 영혼들의 절규 소리가 들리는가? 만약 그 소리가 들린다면 모든 어른들은 구약 시대의 예언자들처럼 눈물을 흘리고 옷을 찢고 땅을 치며 회개해도 모자랄 판인데 다들 귀를 막고 있는 건지 아니면 아예 청각을 상실한 건지… 혹 악마에게 영혼을 팔아버린 건 아닐까? 지금 이 시대가 아이들에게 무슨 짓을 하고 있는지 나열해 보겠다.

　아이들이 장차 숨 쉬고 살아야 할 하늘은 초미세먼지로 온통 뿌옇고, 물은 마트에서 사 먹은 지 오래고, 자연이라고는 전혀 느낄 수 없는 시멘트 건물 속에서 하루 대부분의 시간을 보내고, 주말에 대형 마트나 데리고 가서 피자나 햄버거를 사주면서 자신의 역할을 다했다고 생각하는 부모들과 한 공간에서 살면서 그나마 위안이 되는 스마트폰이나 게임 좀 할라치면 엄청나게 쥐어터지고 학교에서 경쟁, 집에서는 비교, (비교의 2행시는 비참하거나 교만하거나라는 걸 아시는지.) "너 도대체 나중에 뭐 먹고 살래?"라는 소리는 초등학교 입학하기 전부터 들어야 하는 이 끔찍한 운명, 학원 숙제는 또 왜 그리 많은지. 학교에서도 숙제, 집에서도 숙제. 나는 언제까지 이 지독한 삶의 무게를 지고 살아야 하는 거지? 끝이 보이지 않는 삶. 쉬고 싶다. 놀고 싶다. 에라, 차라리 죽는 게 낫지 않을까?

조사에 따르면 언론에 흔히 회자되는 것처럼 한국의 청소년 자살률이 OECD 국가 중 항상 1위라는 것은 사실이 아니다. 지금은 러시아가 1위다. 그러나 한국 청소년 자살률이 여전히 OECD 평균을 상회하고 있고, 매년 꾸준히 증가하여 심각한 수준에 이르렀다고 분석되는 것을 간과해서는 안 될 것이다. 오래 살아 보지도 않은 아이들이 사는 것보다 죽는 것이 더 낫다고 생각하게 만드는 나라에 살고 있는 것은 참으로 가슴 아픈 일이 아닐 수 없다. 더 참담한 것은 무지막지해 보이는 부모들의 요구를 불쌍할 정도로 충실히 살아내는 아이들이다. 이런 상황에서 반항을 할 수 있는 아이들은 차라리 건강하다. 아이들이 가출하는 이유는 집에 있다가는 죽을 것 같아서다. 살기 위해 뛰쳐나간다. 그러나 가출도 아무나 하는 게 아니다. 밖으로 감정을 표출하지 못하는 아이는 그 멍을 안으로 새긴다. 아이들 마음에 새겨진 멍은 내재된 분노로 쌓였다가 학교나 집에서 혹은 다른 곳에서 어떤 식으로든 유독가스처럼 새어나온다. 억제된 분노가 더 무서운 까닭이 여기에 있다. 분노를 잠재적으로 가지고 있던 아이들이 힘의 우위를 접하는 순간 아이들의 잔인성은 어른보다 훨씬 더 무섭게 드러난다. 학교폭력과 집단 따돌림의 양상을 보면 알 수 있다. 그러나 저항할 힘이 없는 아이들은 깊은 우울감과 무기력에 빠진다. 소아 정신과에 아이들이 넘쳐나는 것도 이러한 이유 때문이다.

나라가 경제적으로 점점 부유해질수록 부모들의 탐욕은 도를 넘어선다. 끝없는 욕망에 사로잡혀 자신보다 더 나은 사람들의 삶을 부러워하고 흉내내고 따라하는 부모들 때문에 아이들은 죽음을 생각할 정도로 고통스럽다. 한국은 절대적 빈곤 시대를 넘어섰다. 이제는 상대적 빈곤, 상대적 박탈감과 상대적 열등감이 문제다. 자신의 열등감을 자녀를 통해 해소하고자 하는 부모나 말로는 자식을 위한답시고 자식 또한 투자 대상으로 여기며 나중에 자식 덕 보려 하는 부모나 다 한통속이다. 그러나 이러한 극단적인 부모들 말고 또 다른 한 쪽에서는 어떻게 하면 우리 아이들이 건강하고 행복하게 살 수 있을까를 고민하고 대안을 찾기 위해 노력하는 부모들도 점점 많아지고 있다. 이 글은 그런 분들을 위한 글이다.

문제를 풀어나가는 데 있어서 분명한 것은 더 이상 구조적인 문제나 제도를 바꾸어야 한다는 식의 구태의연하거나 애매모호한 답을 이야기하지는 않을 것이라는 거다. 인간이 만드는 제도는 항상 문제가 있다. 인류의 역사가 시작된 이래로 계속 그래왔다. 우리는 개인을 옭아매는 구조와 제도를 초월한 제3의 길을 모색할 것이다. 구조와 제도의 노예가 되지 않는 것. 그것이야말로 새로운 인류를 이해하는 매우 중요한 열쇠가 될 것이다. 그 여정을 시작하기 전에 해야 할 것이 있다. 아이들에게 물어보라. 너는 무슨 재미로 사느냐고.

3

신성(神性)을 잃은 아이들

세계보건기구(WHO: World Health Organization)는 건강에 대해 다음과 같이 정의를 내린다.

'건강이란 질병이 없거나 허약하지 않을 뿐만 아니라 육체적, 정신적, 사회적 및 영적 안녕이 역동적이며 완전한 상태를 말한다. (Health is a dynamic state of complete physical, mental, spiritual and social well-being and not merely the absence of disease or infirmity.)'

여기서 우리는 세계보건기구가 인간의 건강한 상태에 대해 영적 부분을 포함한 것에 주목할 필요가 있다. 인간의 건강에 빠져서 안 되는 것이 '영적 안녕(spiritual well-being)'인 것이다. 지금 현대 산업사회 속에서 인간의 병듦은 바로 이 영적 안녕의 부재 때문이라고 말해도 과언이 아니다. 영적 인간으로서의 정체성 상실. 그것이 이 시대의 문제요, 교육의 문제다.

교육과 영성을 이야기할 때 가장 먼저 인간에 대한 올바른 이해가 필요하다. 발도르프 학교의 창시자인 루돌프 슈타이너는 교육은 영적이어야 한다고 주장한다. 인간이 영적인 존재이기 때문이다. 인간이 영적인 존재라는 것을 그리스도인인 우리가 다 잘 알고 있다고 생각하지만 막상 영적이라는 것이 어떤 의미인지를 물으면 오랫동안 신앙생활을 한 사람들조차 쉽게 이야기하지 못한다.

그것은 단지 물질적인 육체만을 가지고 태어난 존재가 아니라 보이지 않는 차원에서 보다 본질적이고 근원적인 것을 추구하는 존재라는 의미다. 즉 고차원적인 의식을 지향하는 존재다. 또한 하나님이 창조주(Creator)이시므로 인간 역시 창조자(creator)이며, 하나님의 형상(Image of God)으로 지어진 인간은 초월적이고 내재적 신성(divinity)을 소유하고 있다. 신성을 품은 영적 인간은 내면에 무한한 잠재능력과 거룩한 생명의 신비를 머금은 존재다.

사도 바울은 인간을 영(soul), 혼(mind), 육(body) 3중의 존재로 보았다(살전 5:23). 그러므로 몸과 마음과 영혼이 조화롭게 하나가 되어 함께 창조할 때, 신은 우리의 현실 속에 구현된다. 가장 이상적인 상태, 건강하고 온전한 존재로서의 삶을 영위하게 되는 것이다.

안타깝게도 인류는 15세기 이후부터 19세기까지 삶의 모든 자리에서 그리고 모든 배움의 장에서 인간을 근원적으로 역동적이게 만드는 신성(神性)을 상실했다고 슈타이너는 지적한다. 아이들은 학교에서 신성과 단절된 물질세계 속에서 생존을 위한 교육만 집중적으로 받게 되었고 그로 인해 파생된 존재의 결핍과 무미건조함, 분리와 분열, 수많은 왜곡과 뒤틀림이 아이들의 삶을 치명적으로 위협하는 지경까지 이르게 되었다. 영적인 존재는 생존 너머에 있는 삶을 추구한다. 존재의 이유와 삶의 가치, 영원한 것들과 신성이 깃들인 만물이 빚어내는 아름다운 생명의 조화로움, 경이로운 자연과 인간의 합일, 생명력 있는 존재로서의 삶으로 인도될 때 비로소 행복감을 느낀다.

영적으로 충만한 사람들은 늘 궁극적 실재를 향해 눈을 열고 귀를 기울인다. 늘 듣는 노랫말과 영화의 줄거리와, 만난 사람의 우연한 중얼거림에, 혹 귀를 간질이는 강과 바다와 바람의 속삭임에서 하늘의 소리를 듣는다. 그들은 모든 길들이 하늘로 열려 있다는 것과 신은 언제나(always) 모든 방법으로(all ways) 그 자리에 존재함을 우리에게 보여 주신다는 것을 알고 있다.

어느 영성가는 말한다. 영혼은 그 청사진을, 원래 계획을, 맨 처음 생각을, 생각의 창조력을 잊지 않는다고. 영혼이 하는 일은 우리에게 상기시키는(remember) 것, 즉 문자 그대로 다시 마음을 쓰게 (re-mind) 만드는 것이다. 우리가 다시 한 번 '자신이 누구인지' 기억해 내고, 그리하여 '지금 되고자 하는 자신'을 선택할 수 있도록…

생명은 하늘로부터 부모에게 주어진다. 그러나 생명에 대한 경이로움이나 신비를 외면하거나 자각하지 못한, 물질주의에 찌든 부모로부터 아이는 놀라운 영적 감각이나 경이(wonder)를 소유한 자로서의 환영을 받지 못한다. 그러므로 이제 현대의 교육은 (그것이 학교교육이든 교회교육이든) 영적 존재로서의 인간을 다시 기억해야(remember)한다. 신성을 잃어버린 아이들에게 그들이 놀라운 신적 잠재능력을 가졌음을, 그리고 그들이 얼마나 거룩하고 귀한 존재인지 상기시켜 주는 것으로부터 다시 시작해야 한다.

4

질문하라! 그들이 스스로 답을 찾도록

"너희가 나의 말에 머물러 있으면 너희는 참으로 나의 제자들이다. 그리고 너희는 진리를 알게 될 것이며 진리가 너희를 자유롭게 할 것이다."

(요한복음 8:31b; 32, 표준새번역)

우리는 예수께서 하신 이 말씀의 후반부(32절)만을 또렷하게 기억한다. 워낙 유명한 말씀이니까. 그러나 31절부터 찬찬히 읽어 보면 진리를 알게 되고 진리가 너희를 자유롭게 하기 위한 조건이 있음을 발견한다. "너희가 나의 말에 머물러 있으면(If you hold to my teaching)"이 바로 그 조건이다. 우리가 예수의 말씀에 머물러 있다는 의미는(영어성경에 의하면 그의 가르침을 지키면), 즉 그 말씀이 의미하는 바를 이해하고 깨달아 삶으로 살아내면 진리를 알게 될 것이고 결국 진리가 우리를 자유롭게 한다는 의미일 것이다.

인류의 오랜 역사 속에서 오직 자유를 쟁취하기 위해 수백만 명이 목숨을 잃었다. 그만큼 인간에게 있어서 자유란 목숨보다 소중할 만큼 절실한 것이다. 수많은 사람들이 진정한 자유에 대한 목마름으로 메시아를 기다렸고 예수의 존재는 그 목마름과 절실함에 대한 궁극적 해갈이 되었다.

"회개하라, 천국이 가까이 왔다"는 예수의 첫 선포는 '생각을 바꾸라. 그러면 본질을 깨달을 것이다'라는 의미로 해석된다. 생각을 바꾸는 것은 결국 우리 눈을 멀게 하고 탐욕을 부채질하고 우리로 하여금 우리 존재의 본질을 왜곡시키는 거짓자아(ego)로부터 벗어나는 것이다. 자유는 참 자아(참나)를 찾는 여정으로부터 시작된다. 괴테는 말했다. 삶은 속도가 아니라 방향이라고. 진정한 교육은 새로운 방향으로의 전환에서 시작된다고 본다.

참 나를 찾는 여정에서 반드시 필요한 것은 지혜(wisdom)다. 여기서 지혜는 궁극적이고 본질적인 것들에 대한 앎을 말한다. 그러나 세상의 교육은 온통 정보(information)로만 가득한 지식을 가르친다. 정보의 양이 많으면 많을수록 생존에 유리하기 때문이다. 더 문제가 되는 것은 그 정보라는 것이 '왜?' 혹은 '어떻게?'라는 질문이 결여된 일방적인 것이라는 데 있다. 지금의 학교들은 학교의 최우선적인 역할을 질문하는 데 두지 않고 답을 주기 위해 존재한다. 이전 시대부터 계속되어 온 실수들을 되풀이하면서 기존체제를 지속시키는 데 급급하다. 가정에서 부모 역시 마찬가지다. 아이가 부모의 생각에 반대의사를 주장하는 것을 허락지 않으면서 그 아버지에 그 아들이 되는 오류를 여러 세대에 걸쳐 반복한다.

고대로부터 진리탐구의 방식은 언제나 질문에서 시작되었다. 수많은 철학자들과 영적 스승들은 깨달음을 위해 질문 던지기를 주저하지 않았다.

너희는 어떻게 생각하는가?
너희는 어떻게 생각하는가?
너희는 어떻게 생각하는가?

학교의 취지와 목적은 가장 어린 나이에서부터 공식교육이 끝날 때까지 아이들이 가치들을 탐구하고 그것들을 사용하고 적용하고 작동시키게 북돋우는 것, 그것들을 문제 삼도록 북돋우는 것이다. 아이들이 자신의 가치를 문제 삼길 원하지 않는 부모는 자식들을 사랑하는 것이 아니라 자식들을 매개로 자신을 사랑하는 것이라는 어느 구도자의 말은 유의미하다.

진정한 자유를 향해 진리를 탐구하는 영적 인간에게 경쟁이란 아무 의미가 없다. 남과 비교하는 일 또한 백해무익하다. 왜냐하면 각자의 영혼은 그 고유한 역할을 부여받아 이 땅에 왔기 때문이다.

이제 우리는 방향을 바꾸는 지점에 서 있다. 지식에 치우쳐 지혜를 무시하지 말고 아이들 스스로 어떻게 해야 그들 나름의 진실에 이를 수 있는지 발견하도록 안내해야 한다. 그리고 아이들에게 생각하는 법과 비판적 사고를 허용하는 배움의 시공을 제공해야 한다. 또한 영적 인간으로의 정체성을 잃어버린 학교는 둘째치고라도 교회학교에서조차 끊임없는 경쟁의 매카니즘으로 프로그램을 지속해 나가는 것은 이제 그만두어야 한다. 대회를 통해 등수를 매기고, 달란트를 가지고 교회 안에서 물건을 사고 팔게 만드는 것을 예수가 봤다면 다시 채찍을 들지 않겠는가?

5

――

아이들에게 물려줄 자연이 없다

대한민국 모든 하늘이 컴컴하다. 해가 나도 시야는 여전히 흐리다. 뉴스는 연일 미세먼지에 관한 이야기뿐이다. 이 정도면 재난이다. 초미세먼지 농도가 끊임없이 심각한 상태에 이르러서야 부랴부랴 대책을 마련하는 정부의 행태가 씁쓸하지만 원래 인간이 하는 짓들이 동서고금 늘 그렇지 않은가. 영국도 어느 날 아침 지독한 스모그로 인해 수천 명의 사상자를 낸 다음에나 환경에 대한 규제를 시작했다. 선진국의 높은 환경의식은 수많은 희생을 바탕으로 한 결과물일 뿐이다.

학교 풍광도 달라지고 있다. 학교 수업이 끝나기를 기다리며 교문 앞에선 엄마들은 모두 마스크를 손에 쥐고 있다. 답답하다고 마스크를 안 쓰고 다니는 아이들 때문에 이제 마스크는 엄마들의 필수품이 되었다. 학교에서 공기 청정기 설치는 당연시 되고 있고 운동장에 뛰어 노는 아이들은 없다. 아파트 놀이터도 마찬가지다. 아이들이 놀 수 있는 야외 공간이 초미세먼지로 인해 완전히 증발해 버렸다.

밖에서 놀지도 못하고 숨쉬는 것도 힘들어지는 세상에서 하루 하루 힘들게 살아가는 아이들은 교실에서 어떤 생각을 하며 앉아 있을까? 교육자로서 참으로 무력해지는 순간이다. 어른들이 망가뜨려 놓은 지구를 회복시켜야 하는 당위감과 책임감만 아이들에게 떠맡겨야 하는 현실이 너무 가슴 아프다. 아이들은 이런 상황에서 어떤 미래를 그릴 수 있을까? 대체 누가 그들에게 밝은 미래를 꿈꾸라고 이야기할 수 있을까? 현재 지구 생태계는 더 이상 회생이 불가능하며, 다른 별을 찾아야 할 때라는 것을 아이들이 더 잘 알고 있다.

미세먼지가 사회적 문제로 대두되기 시작한 어느 날, 나는 내 딸들이 살아가야 할 이 끔찍한 세상을 생각하며 혼자 대성통곡한 적이 있다. 우려하던 것들이 현실이 되면서 악몽에 시달리기도 했다. 18세기 철학자 루소는 일찍이 "자연으로 돌아가라"고 외쳤다. "도시는 인류의 무덤으로서 몇 세대 후면 여러 민족이 멸망하거나 퇴화할 것이다. 이것을 되살리는 역할은 언제나 시골이 한다. 그러므로 여러분의 아이들을 시골로 보내어 되살아나게 하라. 그래서 사람들이 밀접해 살고 있는 도시의 해로운 공기 속에서 잃은 생기를 들 한복판에서 되찾도록 해 주어라."

루소의 말이 진짜인지 실험해 보고 싶었던 나는 삶의 자리를 서울에서 시골로 옮겼다. 무덤이 될 곳에서 아이들을 키우고 싶지 않았기 때문이다. 내 딸들은 루소의 말대로 도시의 해로운 공기 속에서 잃은 생기를 들 한복판에서 다시 찾으며 건강하게 잘 자라 주었다. 그의 말은 전적으로 옳았으므로 나는 내가 누린 자연의 혜택을 더불어 누리고 싶어서 읍내와 도시에 있는 아이들을 자연으로 초대했다. 아이들은 자연 속에서 마음껏 즐거워했고 신나게 뛰어 놀았다. 이렇게 함께 자연을 즐기다 얼마 전 군대에 간 녀석이 훈련소 퇴소 때 살면서 감사한 것 100가지를 적어 나왔는데 그 안에 안골에서의 수많은 추억이 들어 있었다며 그의 어머니가 감사의 인사를 전해왔다.

간디와 함께 비폭력 생명평화운동을 벌였던 인도의 성자 비노바 바베 역시 교육에 있어서 자연의 중요성을 이렇게 말했다.

"책을 보는 시간이 줄어들면 아이들이 아무것도 배우지 못할 것이라는 두려움은 근거가 없다. 자연과 더불어 친밀하고 조화롭게 살아갈수록 우리의 행복은 더 커질 것이다. 반대로 자연에서 단절될수록 우리의 삶은 더욱 불만스럽게 될 것이다. 진정한 교육은 자연과 연관되어 있다. 도시 아이들도 자연과의 접촉이 거의 없다는 점에서는 커다란 장애로 고통을 받고 있다고 봐야 한다. 할 수 있는 한 교육과정에서 자 연과 접할 수 있도록 해야 한다. 사람들을 자연과 조화를 이루며 사는 방향으로 이끌어가는 것…, 그것이 교육의 사명이다."

그러나 지금 내가 살고 있는 시골의 하늘도 뿌옇다. 도시의 공기뿐 아니라 시골의 공기도 오염되었다. 우리 아이들은 이제 어디서 존재의 생기를 찾아야 할 것인가?

6

진정한 교육은 가정에서부터 시작됩니다
– 안골에서 세상의 부모들에게 보내는 편지 1

영적 스승들은 말합니다.

"당신 자녀들을 정말 사랑한다면 혼자 스스로 살아갈 수 있게 만들어라."

이 문장을 마음에 담습니다. 자녀들이 성장하면서 어떤 일을 맞게 될지 모릅니다. 부모를 떠나는 시간은 생각보다 빨리 돌아옵니다. 부모의 조언 없이 스스로 선택하고 판단하여 자기 삶을 지혜롭고 독창적으로 살 수 있으려면 어려서부터 연습해야 합니다.

부모는 아이에게 말합니다.

"우리가 늘 네 곁에 있을 수 없단다. 항상 네가 누군지 잊지 않는 것이 중요하다(자각, awareness). 하나님의 형상으로서의 너는 네 내면 깊은 곳에 성소가 있고, 그 성소에 하나님이 계심을 잊지 말거라. 네가 늘 그분의 소리에 귀를 기울인다면 너는 부모 없이도 언제 어디서나 그분의 인도하심을 받게 될 것이다. 매일 일정 시간을 내어 네 내면의 소리에 귀를 기울이거라. 조용히 침묵하지 않으면 결코 그 소리를 들을 수 없단다."

- 깨어 있음을 위해 날마다 15분 정도 침묵을 연습합니다.

부모는 다시 아이에게 말합니다.

"언제 어디서든 정직(honesty)해야 한다. 특히 네 자신에게 정직해야 해. 그 어떤 순간에도 네 자신을 속이면 안 된다. 그리고 어떤 물질적 유혹에도 네 영혼을 팔아서는 안 돼."

"매순간 네 영혼을 위한 가장 아름다운 선택이 무엇인지 기억하고 네 마음 깊은 곳에서 울려나오는 소리를 정직하게 받아들여야 한다. 네 머리가 지시하는 곳이 아닌…"

- 매 순간 정직함을 연습합니다.

마지막으로 부모는 아이에게 말합니다.

"네가 한 선택과 일에 대해 책임(responsibility)질 줄 알아야 한다. 그리고 이 세대에 일어나는 수많은 재앙과 고통에 대해서도… 모든 생명은 하나로 연결되어 있기 때문이지. 내가 책임지지 않으

면 아무도 책임지지 않아. 그 누군가 책임져야 한다면 그것은 네
몫이란다."

  – 자신이 선택한 것에 대해 책임지는 연습을 합니다.

『신과 나눈 이야기』의 저자 닐 도날드 월쉬(Neale Donald Walsch)
에 의하면 이 시대에 가장 중요한 교육의 화두는 바로 이 세 가지입
니다. 자각(awareness), 정직(honesty), 책임(responsibility) 이 세 가
지의 태도와 지향을 매일 가정 속에서 양육 받을 수 있다면 우리 아
이들은 멋진 그리스도인으로 성장해 나가게 될 것입니다. 스스로
자신의 삶을 꾸릴 줄 알고 수련해 나갈 수 있다면 그런 아이들은 일
찍 부모로부터 독립할 수 있고 어디에 있든지 제 사명을 잘 감당해
낼 수 있는 능력을 갖추게 되는 것입니다. 부모들은 아이들을 죽을
때까지 돌볼 수 없습니다. 진짜 자식을 사랑하는 부모는 때가 되면
아이를 절벽 끝으로 데려갑니다. 그리고 절벽 아래로 밀어냅니다.
아이는 비명을 지르며 떨어지지만 그때서야 비로소 자신의 겨드랑
이에 날개가 숨겨져 있음을 알게 됩니다. 날개는 결정적인 절박함
속에서 활짝 펼쳐집니다. 아이는 비로소 그 드넓은 창공을 마음껏
훨훨 날아다니며 자유를 만끽합니다.

  상상이 되시나요?

이것이 하나님께서 우리에게 역사하시는 방법입니다. 죽는 줄

알았는데 마침내 살게 되는… 그 역설적인 찰나들. 진정한 영적 교육은 늘 가정에서부터 시작합니다. 아이들과 날마다 영적인 대화를 나누세요.

7

아이들이 멍 때릴 때 그냥 좀 놔두세요
- 안골에서 세상의 부모들에게 보내는 편지 2

영혼의 언어는 '느낌(feeling)'입니다. 느낌은 지금 우리의 영혼이 어떤 상태인지 알려줍니다. 그래서 느낌을 공유하고 이해하지 않으면 영적 소통은 이루어지지 않습니다.

자신의 느낌에 충실하도록 그리고 정직하도록 독려하는 것. 이것이 영적인 교육에서 해야 할 일입니다. 그럼 영적으로 가장 좋은 상태는 무엇일까요?'

'그냥 좋은 거' 아무런 이유 없이 그냥 좋은 상태… 최상의 상태죠. 하나님은 우리에게 그런 분입니다. 그리고 자연과 음악이 그렇습니다.

그러나 근대성으로 무장한 부모들은 아이들의 '그냥 좋음'을 이해하지 못합니다. 왜냐하면 부모 자체가 그래 본 적이 없기 때문이죠. 그래서 아이들이 방에서 뒹굴뒹굴거릴 때 부모는 참을 수 없게 됩니다. 허투루 시간 보내지 말라고 대번에 잔소리가 나옵니다. 아이들이 그냥 노는 꼴을 보지 못해 방학만 되면 1시간 단위로 계획표를 짜는 엄마들도 있습니다.

그런데 아이들에게는 뒹굴거리고 멍때리는 시간이 절대적으로 필요합니다.

모바일 뉴스 티타임즈(TTimes)에 실린 기사에 따르면, 정신분석가 아담 필립스는 『키스, 간지럼 태우기 그리고 지루에 대하여』란 책에서 "어릴 때 지루함은 불안정한 과정일 수 있다. 하지만 지루해야 아이들은 스스로 심취할 일이 없다는 것을 느끼고 무엇을 해야 할지 생각하게 된다. 나아가 지루해야 삶을 찬찬히 돌아볼 수 있다. 자신이 무엇을 좋아하는지, 무엇에 흥미를 느끼는지 찾을 시간이 필요하다. 급하게 달려가면 발견할 수 없다. 지루함은 시간을 내서라도 가져야 하는 과정이다."라고 말합니다.

영국 아동심리학자 린 프라이도 "성장을 한다는 것은 자신의 여가 시간을 스스로 행복을 느끼는 방법으로 채우고 즐기는 것을 의미한다."고 말하면서 만약 부모가 자녀의 여가 시간을 모두 짜준다면 아이들은 그들 스스로 절대 하려고 하지 않을 것이기에 아이들은 스스로 할 일을 찾기 위해 지루해질 필요가 있고 지루함은 아이들이 자립하는 과정이라고 강조합니다.

그러니 아이들이 멍 때릴 때 방해하지 마세요. 바로 그때 아이들의 영혼이 쉬는 시간입니다. 아이들의 영혼은 다른 차원에 진입해 있는 거에요. 그리고 아이들이 뒹굴뒹굴할 때 좀 놔두세요. 수많은 교육학자들이 뒹굴거리면서 느끼는 지루함이 내면의 창의성을 이끌어 낸다고 말합니다. 아이들의 삶을 너무 빡빡한 스케줄로 채우지 말고 여백을 두세요. 그것은 결코 아이를 위한 것이 아닙니다. 부모의 두려움이 아이의 숨통을 조이는 살인병기가 될 수 있습니다.

부모가 가진 불안을 은폐한 채 아이들을 재촉하거나 닦달하지 마세요. 대신 아이들이 어떤 느낌으로 하루하루를 살아가는지 물어봐 주세요. 날마다 아이랑 싸우지 말고 좋은 느낌들을 공유하세요. 문화를 즐기는 것조차 의식적으로 스케줄을 짜는 부모들에게 버트런드 러셀의 말을 기억하는 것도 도움이 됩니다.

"너무 많은 감상과 잦은 여행은 아이들에게 좋지 않다. 이는 아이들이 유익한 단조로움을 견디지 못하게 한다."

여가 시간에 아이가 좋아하는 음악을 함께 들으며 춤도 추고, 아이가 좋아하는 TV 프로그램을 같이 보면서 박장대소하며 웃어 보세요. 그냥 좋은 것들을 나누세요. 좋은 느낌(good feeling)이야말로 아이들의 영혼에 가장 큰 자양분입니다. 이 느낌이 우리 아이들을 좋은 사람(good person)이 되도록 안내합니다. 왜냐하면 하나님은 선하시니까요(God is good!).

이 땅의 부모들을 위해 기도합니다. 부디 '그냥 좋음'의 지경을 잠시라도 아이들과 누릴 수 있기를….

하나님은 우리 자녀들이 크고 놀라운 일하기를 원하지 않으십니다. 그건 전적으로 부모들의 욕심이에요. 이 허상에서 벗어나면 행복이 시작됩니다.

8

성공한 인생이란 좋은 부모가 되는 것이다

교육대학원 재학 당시 정신과 의사가 강의한 클래스가 있었는데 그때 들었던 말이 아직도 잊혀지질 않는다. "기질은 안 변해요. 예수님도 못 고쳐요." 그러면서 "너무 절망적으로 들릴 수 있겠지만 약간 완화시킬 수는 있어요. 그러나 완전히는 어렵지요."

좋은 부모에 대한 이야기를 하려고 하면서 서두에 이런 이야기를 꺼낸 이유는 자녀들이 부모에게 가지는 불만 중 '왜 우리 부모는 안 변할까?'란 의문에 대한 답을 미리 꺼내기 위해서이다.

자기 부모에 대해 만족하는 사람들이 몇 있을까? 당돌한 아이들은 부모와 싸우다 버럭 이렇게 소리를 지른다. "내가 태어나고 싶어서 태어났어요? 둘이 좋아서 낳아 놓고는…"

부모를 자기 입맛대로 고를 수도 없고, 또 부모의 부족한 유전자를 고스란히 이어받는 것도 운명이기에 아이들은 자신이 봐도 부모를 참 이해하기 어려운데 반성과 성찰은커녕 마구잡이로 권력을 남용하는 것을 볼 때 화가 난다. 아이들의 반항은 부모 역할의 현주소를 알리는 어떤 이정표 같은 것일지도 모른다.

오랫동안 교육에 대해 관심을 가지고 공부하면서 수많은 아이들과 부모들을 만나왔지만(나 역시 부모로서) 그러면서 내가 뼈져리게 느끼는 것은 좋은 부모가 되는 게 정말 어렵다는 거다. 부모 이전에 내가 좋은 사람이 되어야 하고 그 좋은 사람 둘이 만나 좋은 부부가 되어야 하고, 그 좋은 부부가 결국 좋은 부모가 되는 것이니 이 얼마나 지난한 과정인가….

우리 교육의 근본적인 문제 중 하나는 존재에 대한 과정적 성찰이 배제된 채 생각없이 그리고 준비 없이 부모가 된다는 것이다. 최근에 만난 어느 집사님은 첫 애 키울 때 너무 힘들어서, '내가 너무 부족한 사람인가? 아님 뭘 잘못하고 있나?' 고민하고 있는데 어린이집 원장님이 부모 교육하면서 "엄마는 원래 힘든 거에요." 라고 얘기해 주는데 깜짝 놀랐다며 그런 이야기를 살면서 들어 본 적이 없었는데 오히려 그 말이 자신에게 큰 위안이 되었다고 했다. 생명을 잉태하고 생명을 키우는 일이 어찌 쉬울 수 있을까? 그러나 그것은 가장 어려운 일인 동시에 가장 가치 있는 일이기도 하다.

안타깝게도 우리는 자라면서 좋은 부모가 되는 법에 대한 강의나 책을 보지 않는다. 그 어떤 학교에서도 이것을 가르치지 않고, 수많은 교회에서도 여기에 별로 관심이 없다. 그저 오직 자녀가 만나는 유일한 대상이 허점투성이인 자기 부모이고, 본 대로 살게 된다고 또 자신의 자녀를 낳으면 그 맘에 안 들었던 부모가 하던 그대로 따라하고 있는 자신의 모습을 보며 한탄스러워하는 것이다. 계속 그렇게 우리 가정들은 뭔가 가장 중요하고 본질적인 것들을 간과한 채 스펙이나 아파트 평수같은 외형만 번지르르하게 만드는 일에 몰두하는데 그것은 단적으로 현대 산업사회를 살고 있는 인간들의 집단 의식을 드러내는 것이다.

5월은 가정의 달이다. 부모들의 자각이 필요한 때다. 좋은 부모가 된다는 것은 어떤 의미인가? 내가, 우리 가정이 행복하려면 어떤 삶의 자세와 태도가 필요한가? 우리 아이들이 진정으로 원하는 것은 무엇인가? 끊임없이 질문을 던질 때다.

자녀들이 바라는 것은 어떤 결과물이 아니다. 내 딸들을 포함해 내가 만난 모든 아이들은 참으로 인내심이 깊고 마음이 넓었다. 특히 부모에 대해서는 한없이 관용적이다. 자녀들은 있는 힘껏 부모를 이해하려고 하기 때문에 부모가 자신의 부족한 점을 인정하고 그들과 그것들을 허심탄회하게 나누면서 변화를 모색하는 그 과정만으로도 자녀들은 충분히 만족할 것이다.

무지한 부모가 무책임하게 사는 것처럼 위험한 삶은 없다. 나는 행복한 가정을 이루는 것이 그리스도인의 가장 큰 사명이라고 생각한다. 교회나 학교는 가정 다음의 교육기관이다. 가정에서 우리 아이들이 건강하고 행복하게 자라는 것을 경험하지 못하는데 교회에서 그것을 다 해주기를 기대하는 것은 어불성설이다. 요즘 많은 부모들이 자신의 책임을 다른 곳으로 전가시킨다. 인성은 교회가, 성적은 학원이, 보육은 학교가 대신 해 주길 바라는 무책임한 부모가 너무 많다. 좋은 부모되는 것은 어려운 일이지만, 이것을 회피했을 때 돌아오는 결과는 더욱 참담하다. 아이들이 걷잡을 수 없이 문제를 일으키고 속이란 속은 다 썩인 후에 그때서야 상담기관의 도움을 받으며 내가 뭘 잘못했나 돌이키는 부모가 되고 싶지 않으면 지금 바로 여기서 방향을 바꾸라.

9

아기는 환희의 육화(肉化)다
– 정자와 난자에 대한 성(聖)스런 고찰

나는 이 시대 교육의 화두가 자각, 정직, 책임이라고 인용한 적이 있는데 이것은 비단 아이들에게만 국한된 것이 아니다. 좋은 부모가 되기 위해서도 반드시 필요한 개념이다.

좋은 부모가 되기 위해 먼저 자각해야 하는 것이 몸에 대한 올바른 이해와 생명에 대한 신비이다. 정자가 난자를 만나지 못하면 그냥 죽듯이, 정자를 만나지 못한 난자 역시 매월 정기적으로 여성의 몸을 빠져나간다(월경). 그러므로 평생 정자를 만나지 못하는 난자, 난자를 만나지 못하는 정자들이 어마어마한 숫자라는 것을 감안한다면 정자와 난자가 만나서 하나의 생명이 되는 것은 엄청난 확률을 뚫고 태동한 그야말로 기적 중의 기적 사건이다.

『그리스도의 편지』라는 책에는 이런 표현이 있다.

"아기는 환희의 육화다."

그러므로 부모가 될 이들은 한 아기가 이 세상에 태어난다는 것이 얼마나 놀랍고 신비로운 일인지, 그 태어난 생명의 가치가 얼마나 중한 것인지 훨씬 더 절박하게 대면할 필요가 있다. 그런데 현대산업사회에 들어서면서 정자와 난자가 만날 수 있는 기회가 전보다 더 희박해졌다. 전자파로 인해 정자 없는 남성들이 급증하고 있으며 정자와 난자가 만났다 하더라도 합일된 생명이 안전하게 머물러야 하는 여성들의 자궁 상태가 전혀 안전하지 않게 된 것이다.

최근 통계에 의하면 우리나라 난임 인구는 20만이 넘는다고 한다. 가히 상상할 수 없는 숫자다. 한쪽에서는 아예 결혼을 안 하는 젊은이들이 있는 반면 또 얼마나 많은 부부들이 아기를 낳기 위해 애를 쓰고 또 그로 인해 극심한 고통을 당하는지 모른다. 그저 개인의 일로 치부될 상황이 아니라 사회적 관심이 절실히 필요한 때다. 강성호 보험연구원 연구위원은 "만혼, 출산기피 및 연기, 각종 환경적 요인 등의 영향에 따라 국내 난임환자가 증가하고 있고 특히 남성 난임환자가 크게 늘어나고 있다."고 분석했다.

현대산업사회에서 사람들은 단순히 물질에 대한 중독적 증세가 드러내는 집단의식들로 말미암아 정신이 황폐해지는 것은 물론이고, 그 부작용을 인체가 고스란히 받고 있다.

미세먼지 가득한 공기와 약품을 탄 물, 환경 호르몬과 전자파, 인체에 유해한 수많은 음식들, 불규칙한 생활습관, 몸을 생각하지 않는 멋부리기와 자연을 거부하는 지독한 인위적 장치들로서의 주거 형태들이 생명 탄생의 주역인 정자와 난자를 심각하게 위협하고 있는 것이다.

나는 안골에 온 청년들에게 돈 버는 것, 스펙 쌓는 것에만 열중하지 말고 자신의 몸을 소중히 돌볼 줄 알아야 한다고 강조한다. 그대들의 몸이 생명을 잉태할 수 있는 거룩한 하나님의 전이기 때문이라고 얘기하면 청년들은 내 말에 깜짝 놀란다. 여태껏 교회 다니면서도 그런 말은 한번도 들어 본 적이 없다고 했다. 생명교육의 부재. 생명의 본질과 근원에 대한 진지한 성찰과 공론화가 없는 것이 지금 우리 사회와 학교, 교회교육의 심각한 문제라 할 수 있겠다. 몸과 생명에 대한 성숙한 인식 없이 좋은 부모가 될 리는 만무하다. 제대로 된 인식과 자각으로부터 몸과 생명에 대해 정직한 태도를 갖게 되고 결국 책임감 있는 부모로서의 삶을 감당할 수 있게 될 것이다. 그러나 그러한 인식을 공유하고 나눌 시공이 절대적으로 부족한 상황에서 앞으로 우리 사회와 학교 그리고 교회는 더욱 더 많은 시간을 정자와 난자의 성(聖)스러운 합일(合一)에 대해 이야기하는 것에 할애해야 한다고 본다.

건강한 정자와 건강한 난자가 사랑으로 만나는 그 순간을 상상해 보라. 그 환희가 육신을 입는 것이야말로 가히 하나님의 성육신 사건과 비견될 만하다.

한국에서 자녀를 성공적으로 키우려면 세 가지가 필요하다고 한다. 첫째는 할아버지의 재력, 둘째는 엄마의 정보, 그리고 셋째는 아빠의 무관심. 이 엿같은 말들이 말끔히 사라지는 날이 속히 오기를 기도한다.

10

가정 회복 위해 교회 조직을 해체하라

매우 도발적인 제목으로 이번 글을 시작하려 한다. 기존 체제에 대한 도전적인 글일 수 있기 때문에 조심스럽기도 하지만 시대가 변하면서 과연 바뀌어야 할 것은 무엇인가를 고민하지 않을 수 없고 이것은 신학교 때부터 계속된 물음에 대한 답이기도 하다. 소수겠지만 공감하는 사람들이 있기를 바랄 뿐이다.

내가 담임 전도사로 있는 안골교회는 따로 교회학교가 없다. 주일에는 남녀노소(男女老少) 모두 한 자리에 모여 같이 예배를 드리는데 현재 기독교교육에서는 이러한 예배를 간세대적 예배로 정의하면서 매우 이상적인 예배형태로 분류한다.

그 이상적인 형태의 한 예를 소개하면 지난 주일 몸이 안 좋으셔서 한동안 교회 못 나오시다가 오랜만에 교회를 찾으신 아흔이 넘으신 성도님을 초등학교 5학년인 하준이가 예배시간 내내 극진히 챙겨드린 것이다. 할머니 옆에 딱 붙어서 찬송가, 성경책을 찾아 드리고 중간중간 말동무도 해드리면서 말이다. 시집간 큰딸도 고등학교 3년 내내 주일 예배시간에 그 할머니 옆에 앉아 찬송가에 있는 글씨를 하나하나 일일이 짚어드리며 예배를 드렸다. 세대가 바뀌어도 여전히 그 할머니 성도님을 누가 시켜서가 아니라 자발적으로 돕는 아이들이 생기는 것이다. 얼마나 아름다운 광경인가. 대흥 슬로시티 사무국장이신 박효신 선생님은 그 순간을 사진에 담아 교회 단체 카톡창에 올려 주셨다. 보기만 해도 마음이 훈훈해진다. 하나님이 원하시는 예배야말로 이런 모습이 아닐까.

교회가 비대해지면서 조직이 생기고 시스템이 생기기 시작했다. 그래서 나이별, 성별로 나눈 각 부서가 생기고 교회는 회사처럼 비즈니스적 마인드를 가지고 성도들을 관리, 운영, 통제한다. 교회는 회사처럼 수직적인 인사체계를 갖추게 되었고 목회자는 회사의 회장님이나 사장님처럼 성도들 위에 군림하기 일쑤다. 교회는 신앙공동체라는 사실을 기억해야 한다. 아이들은 공동체 안에서 자연스럽게 어른들의 삶의 태도와 자세를 관찰함으로 신앙에 대해 배우고 성장하게 되는데 지금의 제도권 교회들은 효율이라는 명목 아래 모든 것을 분리시켜 놓았다. 그 결과 아이들에게 있어 귀중한 배움의 시공을 해체시켜 버린 것이다. 더욱 안타까운 일은 어른들 예배 때문에 교육부에 속한 아이들은 영아부에서 고등부까지 올라가는 동안 성만찬을 거의 경험하지 못한다는 것이다. 나는 이것을 아주 심각한 문제로 본다. 교회가 비대해져서는 안 되는 이유다.

나는 그동안 예배드리면서 아이들에게 조용히 하라거나 태도 불량을 지적한 적이 없다. 다들 집중해서 예배를 드린다. 어른과 아이들이 같이 예배를 드리면서 얻는 부수효과다. 설교시간이 가능한 15분에서 20분을 넘지 않고(아이들이 가장 효과적으로 집중할 수 있는 시간이 15분이다) 설교시간에 설교자에게 질문을 할 수 있고, 설교자의 질문에 대답할 수 있는 유연한 시공을 가지다 보니 집중하기 좋은 환경이 만들어진다. 교회에 장의자를 아예 놓지 않은 것도 유연한 소통환경이다. 장의자는 뭔가 일방적인 느낌이 강하다. 동그랗게 둘러 앉아 예배드리다 보면 서로의 생각과 느낌을 자연스럽게 나눌 수 있어서 공동체로서의 의식을 교감하기 좋다. 예배가 끝나면 함께 공동체 식사를 하고 차를 마시면서 자연스럽게 삶의 나눔을 갖는다. 아이들은 볕 좋은 날 강아지와 산책을 하기도 하고 책을 읽기도 한다.

나는 늘 주일 오후는 다른 스케줄을 만들지 말고 가족과 함께 보내라고 권면한다. 또한 주말에 계속 시선이 밖으로 향하지 않도록 독려한다. 주일을 준비해야 하기 때문이다. 그리고 주일은 우리 영혼이 쉼을 얻는 날이니만큼 집에서 푹 쉴 수 있는 시공을 마련하라고 권한다. 한 주를 열심히 살고 주일은 주님 안에서 평안히 쉬는 삶의 사이클이야말로 그리스도인이 추구해야 할 이상적인 삶의 형태다. 교회는 주일 온 가족이 함께 정성껏 예배드리고 집에 가서 뒹굴거리며 여유 있게 놀 수 있는 환경을 마련해 주어야 한다. 식탁 앞에 둘러앉아 맛있는 음식과 더불어 웃으며 이야기꽃을 피울 수 있는 그런 행복한 가정이 되도록 교회는 도와야 한다. 쉼과 일의 균형을 맞춰주는 것 역시 교회의 역할이다. 가정을 하나로 모이게 하지 못하고 그저 쉼없이 바쁘게 만드는 교회 조직은 차라리 해체되는 것이 낫다.

11

자연과 인간의 관계를 벤다이어그램으로 그리시오

　　오늘 저녁도 마당에 심은 상추로 쌈을 싸먹었다. 낮에 햇빛이 따가워도 상추잎은 야들야들하다. 얼마나 맛있는지 다른 반찬이 필요 없다. 부활절 전후로 얼었던 땅이 녹을 즈음 부지런을 떨어야 한다. 그때 아픈 남편 간병하느라 잠을 설치면서도 상추니 고추니 토마토 등 모종을 사다 심은 덕에 싱싱한 야채를 끼니마다 먹을 수 있게 되었다. 직접 재배한 것을 먹는 것처럼 유쾌한 일이 없다. 심고 가꾸는 모든 과정이 유희(遊戲)이고 문화이기 때문이다. 늘 느끼는 거지만 이것이 인간에겐 가장 질높은 문화(high-quality culture)다. 소비가 아닌 생산인 동시에 생명에 대한 아주 원초적이고 직접적인 경험이 늘 짜릿함과 더불어 카타르시스를 제공한다.

요즘 나는 새벽에 일어나 괭이를 들고 포도나무가 심겨진 밭으로 간다. 밭으로 가려고 현관문을 여는 순간 이미 거기에 자연이 있다. 눈앞에는 거대한 자목련이 촘촘한 잎사귀를 내려뜨리며 나를 반긴다. 울타리 문을 열 때면 수십 종의 새소리가 사방에서 울려퍼지면서 마치 천국에 와 있는 듯한 착각에 빠진다. 신기하게도 새소리는 시간대에 따라 다르다.

튼실한 괭이로 부드러운 땅을 긁으면 기분이 좋다. 그 시공은 자연이 내게 주는 매우 소중한 선물이다. 땅과의 교감을 통해 내 영혼이 정화되는 걸 느낀다. 또한 땅은 무념무상과 초월의 순간을 맛보는 서비스까지 제공한다. 이른 아침의 맑은 공기와 촉촉한 이슬, 그리고 수많은 새들의 아름다운 지저귐이 합창처럼 들릴 때 내 영혼은 경계를 허물며 기쁨으로 화답하고 내 이마에서는 송글송글 땀이 맺힌다.

매일 아침 밭에서 풀매는 것 말고도 마당 구석구석을 살피며 꽃과 나무가 잘 자라고 있는지 돌보는 것도 잊지 않는다. 좌로는 벚나무, 우로는 자목련, 뒤에는 감나무와 은행나무. 앞에는 메타세콰이어와 배롱나무, 그리고 백목련과 사과나무가 각각 자신의 영역을 지키고 있는데 이 나무들이 안골 예배당의 수호천사들이다. 무수한 외풍과 삿된 기운을 막아 주고 여름엔 시원한 그늘까지 선사한다. 이렇게 멋진 수호천사들을 잘 돌봐야 하는 것은 당연한 일이다.

안골에서 내 내면 깊은 곳에 태초부터 잉태된 자연을 발견했다. 그것은 곧 내가 자연이라는 것, 자연의 일부라는 깨달음이었다. 그 후 자연에 대한 태도는 180도 변화를 맞게 되었다. 나는 결코 자연과 분리되지 않았다는 것을 관념이 아닌 몸으로 느끼게 된 것이다.

나는 몸이 아프면 캄캄한 밤, 마당으로 나간다. 천천히 나무 주위를 걸으며 벚나무와 자목련에게 말을 건넨다. '지금 내 몸이 좋지 않으니 너희들의 좋은 기운을 나에게 다오.' 그렇게 한참을 왔다갔다 하다 보면 어느덧 아픈 부위가 씻은 듯 사라지는 경험을 하게 된다. 자연 속에는 놀라운 치유력이 있다. 나는 날마다 그것을 직접 경험하며 산다.

6월 환경선교주일을 맞아 안골공동체 식구들과 함께 기도를 드렸다.

'사랑의 주님. 삶과 죽음은 하나로 연결되어 있습니다. 삶이 축복이면 죽음도 축복입니다. 모든 생명은 하나로 이어져 있습니다. 내가 소중하다면 작은 들꽃 하나도 소중한 것입니다. 삶과 죽음이 분리되고 사람과 자연과의 관계가 왜곡된 세상에서 우리는 어떻게 살아가야 할까요? 주님, 저희에게 긍휼을 더하여 주소서. 저희에게 지혜를 허락하소서.'

예배에 선포된 메시지는 인간은 더 이상 만물의 영장이 아니라 자연의 일부임을 고백하고 자연을 성취와 정복의 대상으로 볼 것이 아니라 소중히 보살펴 더불어 상생하는 삶으로 나아가야 한다는 것이다. 또한 나 자신이 하나의 환경임을 깨닫는 것도 중요하다. 내 내면 깊은 곳에 심기워진 생명에 대한 경외감과 자연에 대한 신비로움이 깨어나지 않고서 생태계 회복에 대한 무수한 구호들은 그저 무색해질 뿐이다.

우리는 좀 더 원초적이고 감각적인 생명체험을 해야 할 때다. 그것은 자연을 직접 만지고 느끼는 길밖에 없다. 집에 키우는 화분을 죽이지 않고 매일매일 일정한 물을 주는 행위, 그것이야말로 심신깊은 영성훈련이라는 것을 잊지 말아야 한다. 우리는 환경을 위해 아주 작은 것들부터 세심하게 신경쓰는 연습을 해야 한다. 그래야 그들이 내는 목소리를 들을 수 있다.

p.s. 이 글을 다 읽고 난 후 제목으로 단 문제를 풀어 보시길 권한다.

답: U ⊃ A

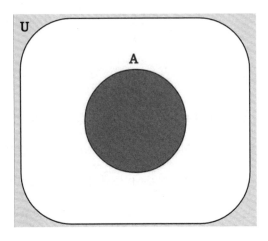

U=자연, A=인간

12

———

친절하라, 읽어라, 써라

신년 초 고심 끝에 2019년 안골 신앙공동체가 나아갈 길을 세 가지로 정했다. 이것은 고차원적인 영적 의식으로의 상승을 위한 수행 방법으로 제시된 것인데 일은 친절한 그리스도인, 이는 책 읽는 그리스도인, 삼은 글 쓰는 그리스도인이다.

먼저 친절한 그리스도인이 되자고 한 것은 다음 문장으로부터 영향을 받았다.

"사람들은 각자 자신의 전쟁을 치르고 있다. 그러니 모든 사람들에게 친절하라."

인생의 어려운 순간마다 나는 지인들뿐 아니라 전혀 알지 못하는 사람들이 조건 없이 베푸는 친절을 받은 적이 많았다. 그럴 때마다 깊은 감동을 받았고 세상이 아름답다는 것을 체험했다. 그래서 나는 그런 사람들을 천사라 부르고 천사를 만났다고 말한다. 어려움을 겪을 때는 세상에서 나만 불행한 것 같지만 알고 보면 세상 모든 사람들이 나름의 고통에 직면해 있고 그걸 해결하려고 고군분투하고 있음을 깨닫는다면 우리는 오며가며 스치는 타인에게 불친절하기보다 연민의 정이 늘어날 것이다. 이웃에 대한 확장된 이해를 바탕으로 예수의 복음은 친절 속에서 강한 효력을 갖는다.

  나랑 상관이 있는 사람들은 물론 나와 전혀 이해관계가 없는 사람들에게조차 진심으로 마음에서 우러나오는 친절을 베푸는 것처럼 아름답고 마음 따뜻한 일은 없다. 그 순간 우리는 사람이 아니라 천사가 된다. 그런데 남에게 친절하려면 나 자신에게도 친절해야 한다. 나 자신에게 옹졸하면서 남에게 친절하기란 쉽지 않기 때문이다. 나 자신에게 옹졸하지 않으려면 자신이 무분별하게 설정한 경계지음에서 벗어나 융통성과 포용력을 갖춰야 하는데 그 지경을 향한 해결책은 바로 이(2)에 있다.
  이는 책 읽는 그리스도인인데 이것은 그냥 책이 아니라 성경을 포함한 본질적이고 영적인 책들을 말한다. 즉, 거룩한 독서인 렉시오 디비나(Lectio Divina)를 의미하는 것이다. 그리스도인에게는 영적 독서의 중요성에 대해서 아무리 강조해도 부족함이 없다.

『수도 전통에 따른 렉시오 디비나 Ⅰ』(허성준 저, 분도 출판사)란 책에 따르면 기독교 초기 수도자들에게 렉시오 디비나는 영성 생활의 원천이었고, 그들을 하나님께 인도하는 훌륭한 안내자였다. 그것은 살아계신 하나님과의 진정한 내적 만남을 가능케 하는 중요한 수행이었다. 여기서 렉시오가 독서하는 인간의 능동적인 활동을 함축하고 있다면, 디비나는 그 독서 자체가 자연적인 차원이 아니라, 이미 초자연적인 활동임을 분명히 드러내 주고 있다. 다시 말해 수도자는 하나님의 말씀을 렉시오 디비나 하면서 자연스럽게 인간에게 건네시는 하나님 말씀의 신비를 은총을 통하여 마음으로 이해하는 동시에 그 말씀에 응답하게 된다.

"그가 읽는 책이 그 사람을 만든다."는 말이 있다. 영적 독서를 통해 성령 하나님의 도우심으로 자신의 한계와 부족함을 깨닫고 온전한 영적 인간으로 성장해 나가는 것은 분명하다.

삶은 글 쓰는 그리스도인이다. 이것은 영적 독서를 하며 깨닫고 느낀 것들이나 일상의 소소한 일들을 기록하면서 자신을 돌아보는 수행이다. 쓰면서 더 명확해지는 것이 있고, 자신을 성찰하는 데 큰 도움이 된다. 나는 적지 않은 시간 동안 영적 독서를 통해 만난 좋은 문장들을 모으는 데 힘써 왔는데 좋은 문장(혹은 거룩한 문장)들은 늘 삶에 건강한 에너지를 공급한다.

궁극적이고 본질적인 메시지를 담은 문장들을 만날 때마다 마음에 큰 울림이 있다. 또한 그것들은 내게 올바른 삶의 방향을 알려주고, 때론 마치 하늘의 메시지처럼 느껴질 때가 있어서 늘 기록하고 메모한다. 전에는 노트에 쓰고 모아두었다면 요즘은 주로 카톡 상태메시지에 적어 놓는데 언젠가부터 내 상태메시지를 늘 보고 있다는 사람들이 적지 않다는 사실을 접하고 깜짝 놀랐다. 심지어 그 문장들로부터 은혜를 받았다거나 힘을 얻었다는 말까지 이따금씩 전해 듣는다. 읽는 것에만 그치지 않고 적고 기록해 놓은 것들이 나뿐 아니라 다른 사람들에게도 선한 영향을 끼친다.

나는 이 세 가지 수련의 중요성을 특히 안골 공동체의 아이들에게 강조했다. 어려서부터 지속적으로 이런 영적 훈련을 한다면 분명 인생이 달라질 것이다. 이 글을 읽는 모든 분들께도 강력히 권한다.

13

가장 위대한 유산과 교육
- 부부의 상호존중과 사랑

세상 부모들에게 질문하고 싶은 것이 있다. 당신은 당신 자녀들에게 무엇을 물려주고 싶은가? 내겐 이 질문에 대한 답이 시간이 지날수록 점점 더 명확해진다. 날마다 부모가 서로 사랑하는 모습을 보여 주는 것. 나는 이것이 부모로서 자녀들에게 물려줄 수 있는 가장 큰 유산이요, 교육이라고 생각한다.

그런데 우연히 펼친 책에서 같은 생각을 발견한다. 작자미상의 『그리스도의 편지』란 책에 나오는 대목이다.

"…꼭 세상에서 위대한 길을 개척하여 큰 진보를 이룩하거나 부와 명성을 얻어야만 하는 것은 아니다… 사랑 넘치는 좋은 부모가 되는 것보다 더 고귀한 소명이 어디에 있는가? 더군다나 너희가 법칙과 질서와 무조건적인 사랑의 시스템 속에서 심신의 양육과 성장과 치유와 재생과 모든 형태의 보호와 마음과 정서와 신체가 필요로 하는 모든 것을 충족시켜 주는 신성한 아버지, 어머니 의식을 본보기로 택한다면 말이다. 너희는 부모로서 너희 존재의 신성한 근원의 의식 수준에 도달했는가?"

부모로서 존재의 신성한 근원의 의식 수준에 도달했는가? 이 물음이 화두처럼 가슴에 꽂히지 않는가? 이것은 결국 부모가 되기 위해서는 그리스도 의식에 도달할 만큼 성숙한 영적 존재가 되어야 한다는 의미이다.

앞서 인용한 책에는 또 이런 대목이 나온다. "존중과 신성한 사랑은 동료다. 진정한 사랑은 사랑받는 이를 높이 존중한다. 두 사람 사이에 존중심이 있으면 그것은 종종 가장 높은 형태의 사랑으로 발전한다."

부부 사이에 서로를 향한 존중과 사랑은 서로를 더 좋은 사람으로 만드는 데 일조할 뿐 아니라 무의식에 뿌리내린 수많은 상처와 눈물을 닦아 주는 치유의 장으로 인도한다.

이보다 더 아름다운 일이 있을까? 부부는 서로에게 치유자가 될 수 있다. 서로를 있는 그대로 받아들인다는 것은 상대방의 장점뿐 아니라 단점까지도 수용하겠다는 것이고, 상대방을 내 맘대로 통제하지 않겠다는 의미이기도 하다. 존재가 누군가로부터 있는 그대로 받아들여지고 조건 없는 사랑을 받는다면 거기로부터 근본적인 치유가 시작된다.

우리는 때때로 자신의 부모에게조차 받지 못했던 조건 없는 사랑을 영적인 배우자를 통해 받을 수 있고, 그로 인해 많은 것들이 달라질 수 있다. 부부는 웬수나 적이 아니라 영적 순례의 여정을 함께 걸어가는 동지이며, 벗인 것이다. 사랑, 결혼, 출산, 그리고 가정에 대한 부정적 인식이 심각할 정도로 팽배한 이 시대에 그리스도인들은 이러한 지경을 현실화하기 위해 내면에 집중하고 부단한 영적 수련과 훈련을 멈추지 않아야 한다.

"이제 두 사람은 비를 맞지 않으리라

서로가 서로에게 지붕이 되어 줄 테니까.

이제 두 사람은 춥지 않으리라

서로가 서로에게 따뜻함이 될 테니까

이제 두 사람은 더 이상 외롭지 않으리라

서로가 서로에게 동행이 될 테니까.

이제 두 사람은 두 개의 몸이지만

두 사람의 앞에는 오직

하나의 인생만이 있으리라.

이제 그들의 집으로 들어가라.

함께 있는 날들 속으로 들어가라.

이 대지 위에서 그대들은 오랫동안 행복하리라."

이 시는 「두 사람」이란 제목의 아파치족 인디언들의 결혼 축시다. 두 사람이 만나서 일구어가는 하나의 인생을 아이들이 지켜보고 있다. 아이들은 자신의 부모가 이 대지 위에서 오랫동안 행복하기를 진심으로 바란다. 어쩌면 아이들이 바라는 것은 그게 다인지도 모른다. 부모가 창조해낸 위대한 사랑의 힘은 오랫동안 우리 아이들의 삶을 풍성하게 만드는 강력한 에너지가 될 것이다.

14

당신은 매일 무엇을 하는가?

유튜브에서 멋진 삶을 산 두 남자를 발견했다. 그들의 공통점은 매일 무언가를 했다는 것이다. 한 남자는 매일 물 1만 리터를 가져다 야생에 뿌렸고, 또 한 남자는 매일 사막에 나무를 심었다. 매일 그들이 한 일이 어떤 결과를 가져왔을까?

첫 번째 남자 이야기

최근 케냐에 비가 오지 않으면서 60년 만에 최악의 가뭄이 찾아왔다. 어떤 사람들은 가뭄 동안 물을 팔아 이윤을 챙겼다. 하지만 야생 동물들은 당장 마실 물이 없었다. 완두콩 농사를 짓던 패트릭은 이래선 안 된다고 생각을 했다.

그는 도움이 없으면 곧 죽을 야생동물들에게 물을 전달하기로 결심했다. 그리고 매일 커다란 트럭으로 세렝게티까지 70킬로를 운전해 약 만 리터의 물을 전달했다. 패트릭 덕분에 적어도 40%의 동물들이 목숨을 구했다. 그러나 정작 패트릭은 콩팥에 문제가 생겨 이식을 받아야 하지만 돈이 없어 수술을 못 받고 있다. 그럼에도 불구하고 늘 긍정적으로 생각하며 산다는 패트릭은 이렇게 말한다.

"동물들도 우리처럼 물을 마실 권리가 있습니다. 그리고 가뭄은 대부분 사람들 때문에 나타난 것입니다. 왜냐하면 비가 적게 내리는 것은 지구 온난화와 상관이 있기 때문입니다. 그리고 우리들은 지구 온난화에 일부 책임이 있습니다. 동물들은 그저 자연에서 천진난만하게 살았을 뿐입니다. 그런데 우리가 한 일들 때문에 매일 영향을 받고 있죠."

패트릭에게는 더 큰 꿈이 있다.

"사람들은 알 거예요. 지금 우리가 겪고 있는 이 가뭄이 우리 스스로가 초래한 일이라는 것을요. 하지만 그렇기 때문에 우리가 해결할 수도 있죠. 동물들을 볼 때 아주 기분이 좋아요. 이젠 목말라 하지 않는 것 같아요. 그들과 있을 때 행복으로 가득해지는 것 같아요. 왜냐하면 그게 제 꿈이니까요. 모든 동물이 안전하게 지내는 거요."

두 번째 남자 이야기

마줄리(Majuli)섬. 한때 그 섬은 야생동물들이 뛰어노는 풍성한 오아시스였다. 파엥은 이곳에서 태어나고 자랐다. 그러나 사람들이 나무를 베기 시작하면서 사막화가 시작되었다.

파엥은 변해 가는 고향의 모습을 지켜봐야 했다. 1979년 그는 무언가 해야겠다고 결심하는데… 그 후 그는 매일 황량해진 땅을 찾아 37년 동안 하루도 빠짐없이 나무를 심었다. 그리고 결과는 놀라웠다. 그의 숲은 여의도 면적의 2배 이상으로 커졌다. 파엥 덕분에 170만 평의 죽은 땅이 다시 울창한 숲을 이루게 된 것이다.

파엥은 말한다.

"식물들이 자라면서 야생 동물들도 삶의 터전을 다시 찾게 되었습니다. 지금 이곳에 115마리의 코끼리 그리고 코뿔소, 사슴들이 살고 있습니다. 나무들이 크게 자랄 때 저는 더 힘들어집니다. 왜냐하면 그들을 지켜야 하기 때문입니다. 나무들에게 가장 큰 위협이 되는 건 바로 사람들입니다. 그들은 돈을 벌기 위해서 숲을 파멸시켜 왔습니다. 그럼 동물들은 다시 취약한 존재로 살아가야만 할 것입니다."

그에 의하면 인간은 지구상의 한 동물일 뿐이다. 파엥은 여전히 꿈을 꾼다.

"제 꿈은 마줄리(Majuli)섬을 예전처럼 숲으로 가득하게 하는 것 입니다. 마지막 숨이 끊어질 때까지 나무를 심을 것입니다. 저는 사람들에게 말합니다. 당신들이 나무를 베서 얻을 수 있는 것은 아무것도 없습니다. 그러니 제 나무를 베기 전에 저를 베라고요."

　모든 과학자들이 마줄리섬이 지구상에서 사라질 것이라고 예견했지만 한 남자의 작은 행동이 하나의 생태계를 다시 살렸다.

　당신은 매일 무엇을 하는가? 선한 뜻을 가진 사람들이 매일 한 일들은 결국 무수한 생명들을 살리는 기적을 낳았고 그들은 여전히 아름다운 꿈을 꾸고 있다. 영성은 입으로 떠드는 것이 아니라 입을 닫고 가치 있는 일들을 매일 묵묵히 해나가는 것이다. 그러면서 함께 꾸는 선한 꿈들은 미래세대의 아이들에게 축복의 통로가 될 것이다.

　나를 변화시킬 수 있는 가장 근본적이고 본질적인 시공이 가정이고, 나와 내 배우자가 끊임없이 영적 성숙을 도모하는 부모로 존재하며 늘 서로를 위하고 사랑하는 모습을 보여 주는 가정은 비옥한 퇴비가 가득한 밭과 같다. 무엇을 심든 잘 자라게 되어 있다. 더욱 사랑하자.

15

평범한 교육, 평범한 영성

신자유주의 무한경쟁시대에서 우리는 언제나 남보다 뛰어나야 하고 탁월해야 함을 사회적으로 강요받는다. 가정에서, 학교에서 그리고 직장에서 심지어는 교회에서도 그렇다. 에고(ego)와 결탁한 인간의 욕망은 늘 남과 비교하는 데 익숙해져서 더 좋은 차를 타야 하고, 더 좋은 아파트에 살아야 한다. 옷과 머리 스타일은 튀어야 하고 평범한 것은 죽기보다 싫다. 세대가 바뀔수록 이러한 경향은 더 심화된다.

교회에서도 뭔가를 뛰어나게 잘하는 것으로, 세상에서 성공한 모습으로라야만 하나님께 영광 돌리는 삶을 사는 것처럼 부추기는 목회자들이 있으며 목회자가 자신의 아이들에게 그렇게 되기를 빌어 주는 축복기도를 내심 바라는 평신도들이 있다. 우리는 여기서 의문을 제기할 필요가 있다. 꼭 특별해야 하는가? 우리는 꼭 뛰어나야 하는가? 그래야 하나님께 영광을 돌린다는 것이 정말 사실인가?

시편 131편에는 "…내가 큰 일과 미치지 못할 기이한 일을 힘쓰지 아니하나이다."라고 기록되어 있다. 예수의 제자들은 어떤가? 그들은 배운 사람들이 아니었다. 그들은 대학 교수들이 아니었으며 박사 또는 철학자도 아니었다. 그들은 그저 보통 사람들이었다. 그들은 어부이고 농부였다. 아주 평범한 사람들, 평범한 사람들 중에서도 평범한 사람들이었다. 왜 그런 사람들이 예수를 이해할 수 있었을까? 어느 구도자의 말에 의하면 평범한 사람에게는 소위 특별한 사람이라고 불리는 사람들에게서는 사라져 버린 그 어떤 특별한 것이 있는데 그것은 바로 겸손과 신뢰라는 것이다.

얼마 전 인스타에서 흥행한 영화로 인해 되려 고통받았던 사람들의 사연을 본 적이 있다. 그 사연인즉 배우 유승호와 영화 「집으로」에 출연했던 김을분 할머니는 많은 이들에게 감동을 줬다. 하지만 영화가 큰 히트를 친 후, 할머니가 돈을 많이 벌었다는 루머가 퍼지기 시작했다. 이후 할머니 재산을 노리는 강도, 사기꾼들이 마을을 배회하며 할머니를 위협했다. 신변이 위험해진 할머니는 결국 수십 년 살아온 집을 떠나 자식들이 사는 서울로 상경해야 했다. 또한 영화 「워낭소리」는 당시 독립영화 최대 히트작이었다. 영화가 흥행에 성공하자 당시 수많은 언론사 기자들과 관광객들이 할아버지 주거지를 무단 침입해 일상에 큰 피해를 입었다.

할아버지는 "차라리 촬영 전으로 시간을 되돌리고 싶다."고 매일 같이 말할 정도였다고 한다. 그들 역시 자연 속에서 순리대로 살아가는 지극히 평범한 사람들이었기 때문에 감독은 그 평범한 사람들의 소박한 삶이 주는 감동을 영상으로 담아 관객과 나누고 싶었을 것이다. 그 예상은 적중했고, 그들이 가진 겸손과 신뢰(그것이 사람에게든 짐승을 향한 것이든)가 사람들의 마음을 울린 것인데, 자본으로 점철된 세상은 그 감동마저 돈으로 환산하여 그 순박한 어르신들의 삶을 산산조각 내버렸다.

예수는 뛰어난 과학 기술이 없는 시대에 태어났으며 평범한 목수의 아들이었다. 그는 짧은 생이었지만 그의 곁에는 늘 아프고 상처받고 소외받은 사람들, 그저 자연과 더불어 소박하게 사는 사람들이 있었다. 그들은 겸손함으로 예수를 대했고 의심없이 믿고 따랐다.

왜 나만 특별해야 하는가? 왜 내 자식만 뛰어나야 하는가? 왜 꼭 세상적으로 성공해야만 하나님께 영광돌리는 것이라고 생각하는가? 그 탁월함과 뛰어남을 위해 끊임없이 누군가를 소외시키고, 정작 중요한 본질적인 것들(겸손과 신뢰)을 잃어버리고 욕망이 주는 허상(虛像)을 향해 어마어마한 자본과 에너지를 쏟아붓고 있지는 않는가?

평범함을 추구하는 교육, 평범함을 향한 영성은 자신이 특별하다는 생각을 버리는 것에서부터 시작한다. 내가 남보다 낫고, 똑똑하고, 뭔가를 잘하고, 더 많이 알고, 더 선하고, 더 중요하다고 생각하는 것을 내려놓을 때 우리는 비로소 알게 될 것이다. 그동안 그 비교 때문에 내가 얼마나 스트레스를 받고 있었는지, 또 그 모든 것을 내려놓으니 얼마나 자유로운지를.

16

————

하나님, 자연, 침묵

　내가 서울에서 오지마을 안골에 내려온 이유 중 절반은 대한민국에서 시류에 편승하지 않고 자식을 키우는 것이 과연 가능한가를 실험해 보고 싶어서였다. 그 시류라는 것은 예나 지금이나 자식을 명문대 보내기 위해 어마어마한 사교육비를 투자하고 아이는 새벽부터 자정까지 책상머리에만 앉아 있어야 하는 아동인권이 유린된 상황을 말한다.

　나는 큰딸이 3년 전, 결혼과 동시에 한국예술종합학교 대학원 시각디자인과에 합격한 것을 보고 내 실험이 성공했음을 확신하게 되었다. 학부에서 디자인 전공을 하지 않았고, 입시를 위한 학원을 전혀 다니지 않고 독학으로 준비했음에도 불구하고 합격한 것을 보면서 대한민국에서 바늘구멍만 한 희망을 발견했다. 게다가 딸아이가 쓴 자기소개서와 학습계획서가 교수들의 극찬을 받으며 가장 높은 점수를 받았는데 최근 그 자료를 서재 청소하는 중에 발견했다.

딸아이가 쓴 자기소개서의 시작은 이러했다.

"…저에 대해 이야기하기 위해서는 초등학교 2학년의 여름을 꼭 짚고 넘어가야만 합니다. 저희 가족이 고향 충남 예산에 내려온 때가 바로 그때거든요. 인천과 서울, 도심 속에서 살다 처음으로 시골에 내려와 내 방을 갖게 되고 책상을 깔끔하게 정리하던 날, 책을 펴지 않을 수가 없었습니다. 제가 할 수 있는 최대한 반듯한 자세로 책 앞에 앉았을 때, 책에 있던 글자들보다 저를 더 사로잡았던 것은 책상 바로 앞에 열려 있던 창문에서 흘러들어오는 풀벌레 소리였습니다. 9살 인생의 한 폭을 이렇게 자세하게 써내려갈 수 있는 것은 그날이 그만큼 인상적인 날이었기 때문입니다."

인천에서 태어난 아이가 예산을 고향이라고 말하는 대목이 신기했다. 이야기는 계속된다.

"그날을 시작으로 지금까지 저는 흙이 밥이 되고 야생초와 잡초들이 뒤섞여 반찬이 되던 그 집에 살고 있습니다. 새까맣게 탄 한 시골

소녀는 문학시간, '오늘 밤에도 별이 바람에 스치운다'라는 서시의 마지막 행을 마주하였을 때, 자연히 제 볼을 스쳐지나가던 바람의 소리를 떠올릴 수 있는 사람으로 성장했습니다. 자연이 주는 무한한 가능성과 아름다움은 어느새 저의 원동력으로 자리잡았습니다. 자연스럽게 저는 시를 쓰기 시작했습니다. 하늘, 바람, 들풀들을 가만히 보며 인생을 돛단배의 돛에 비유한 작품은 교내 시화전에 뽑혀 걸리기도 했죠."

하나님의 창조적 영이 가득한 자연은 아이에게 끊임없이 가능성과 아름다움을 배양시키고 그것들이 삶의 원동력이 되도록 독려했다. 산책을 하고 오면 끊임없이 시가 떠오른다며 열심히 시를 쓰던 딸아이는 초등학교 6학년 때 예산 지역 운문대회에서 1등을 휩쓸더니 졸업할 때 충남 글짓기 대회 운문 부문에서 1등하여 도지사상을 받았다.

세 장 분량의 자기소개서 마지막은 이렇게 끝을 맺는다. 자신이 왜 디자인을 배워야 하는지, 그 배움이 지금 자신에게 얼마나 절실한지… (딸아이는 4학기 내내 전액장학금을 받으며 학교를 다녔다.)

"학부 때부터 디자인을 공부하지 않은 것이 후회되거나 하지는 않습니다. 오히려 인문학을 공부하고 나서 디자인을 공부하게 된 것에 감사합니다. 기능주의의 산물, 자본주의의 조수(助手)가 아닌 보편적인 인간에 대한 이해를 바탕으로 한 정신적 가치가 담긴 디자인을 위해 인문학적 탐구들이 재고(再考)되고 있는 지금, 스스로 배움에 대한 의지가 분명히 선 지금이 적기라고 생각합니다. '잠겨 죽어도 좋으니 너는 나에게 밀려오라'라는 사랑의 시의 화자가 잠깐되어 고백해 봅니다. '잠겨 죽어도 좋으니 배움의 시간이여 나에게 밀려오라.'"

우리 부모가 아이의 교육을 위해 덧붙인 것은 깊은 고요 속에서 하나님의 음성에 귀기울이도록 일상에서 침묵을 연습시킨 것밖에 없다. 결코 돈을 들이지 않았다. 가장 가난한 시절에도 우리 아이들은 자연으로 말미암아 존재의 풍요를 누렸다.

얼마 전, 서울 은명교회를 담임하고 계시는 이민재 목사님이 둘째 딸 채원이 생일에 메시지를 보내셨다.

"채원이 생일을 축하합니다. 그의 성장과정을 보면 하나님과 자연과 침묵이 어떻게 협동하는지 잘 보입니다. 그래서 하나님과 자연과 침묵의 성사입니다. 감사합니다. 소생의 생일축하를 전해 주십시오!"

우리 딸들을 키운 건 바로 하나님과 자연과 침묵이다. 이것이야말로 교육과 영성의 가장 중요한 요소다.

17

환경과 생태를 위한 교육, 미루지 말자

우리나라 교회학교에서 환경과 생태에 대해 성경적으로 해석하고 삶으로 실천할 수 있도록 교육하는 곳이 얼마나 될지 매우 궁금하다. 매우 드물다고 말하면 착각일까?

지금은 개인사정 때문에 잠정적으로 휴교 중이지만, 안골 하늘 숨학교에 처음 참석하는 아이들의 경우 마당에 있는 꽃을 예쁘다고 아무 생각 없이 꺾을 때가 있다. 그러면 그 자리에서 천천히 설명해 준다. 꽃을 꺾으면 꽃을 오래 볼 수 없고, 꽃이 그 자리에 있을 때 가장 아름다운 거라고 알려 주면 그 다음부터 꽃을 꺾는 아이들이 없다. 그게 참 신기할 정도인데 그래서 교육이 중요하다는 생각을 하게 된다.

"…대뇌의 해석과 판단이 사라질 때, 인간은 '스스로 그러한(自然)'
상태가 되어 자연과 소통하게 된다. 꽃을 꽃으로 보고 그 꽃의 경이
로운 아름다움을 보는 눈이 열리는 것이야말로 인간의 근원적인 혁
명이요, 의식의 도약이다."

- 『몸의 심리학』 중에서

교회에서 꽃을 매번 꽃꽂이로 보아오던 도시의 아이들은 꽃의
가장 꽃된 순간을 지켜보지 못하고 당장 자신의 소유로 만들고 싶
어 한다. 아이들의 그런 작은 행동 하나가 단적으로 보여 주는 것
이 있다면 생명과 존재에 대한 의식의 도약을 창출하지 못하는 교
회교육은 자칫 부동의 주입식 교리교육으로 인해 무자비한 교조
주의적 인간을 양산할 우려가 있다는 것이다. 예수가 독사의 자식
이라고 했던 바리새인과 사두개인들처럼 말이다.

교회들은 지금 세상이 어떻게 변하고 있는지 알아야 한다. 이 지
면을 연재하며 첫 글에서 매주 금요일마다 국회 앞에서 환경을 위
한 1인 시위를 하던 10대 스웨덴 환경운동가 '그레타 툰베리'를
소개한 적이 있다. 그 후로 1년도 채 되지 않아 그레타 툰베리의
영향력은 전 세계적으로 엄청나게 커졌다. 전 세계 133개국의 청
소년 160만 명이 그녀가 이끄는 환경운동에 동참하기에 이른 것
이다. 현재 이 시위는 '미래를 위한 금요일'이라는 거대한 환경 캠
페인이 되었고, 현재 그의 인스타그램 팔로워 숫자는 312만 천 명

에 달하고 있다.

그녀는 또한 지난 9월 23일, 미국 뉴욕 유엔본부에서 열린 '유엔 기후행동 정상회의'에서 전 세계 지도자와 어른들을 향해 일침을 놓는 엄청난 연설도 했다. 연설문 마지막 부분이다.

"여러분은 우리를 실망시키고 있습니다. 그러나 우리 세대는 여러분이 배신하고 있다는 걸 이해하기 시작했습니다. 모든 미래 세대의 눈이 여러분을 향해 있습니다. 여러분이 우리를 실망시키기를 선택한다면, 우리는 결코 용서하지 않을 것입니다. 여러분이 이 책임을 피해서 빠져나가도록 내버려두지 않을 것입니다. 바로 여기, 바로 지금까지입니다. 더 이상은 참지 않습니다. 전 세계가 깨어나고 있습니다. 여러분이 좋아하든 아니든, 변화는 다가오고 있습니다."

『출出아메리카기記』 저자 마사키 다카시는 아이들이 정말로 풀어야 하는 문제는 오직 하나, "어떻게 하면 오늘날의 전 지구적 위기를 극복할 수 있을까?"여야 한다고 말한다.

백만 개의 문제를 풀었다 한들, 이 단 하나의 문제를 풀지 못한다면 아이들이 새 시대를 창조해내기란 불가능하다는 것이다. 전세계 청소년들이 환경을 위해 깨어 일어나고 행동하는 이때, 여전

히 잠자고 있는 곳은 오직 교회가 아닐까? 미루지 말고 지금 당장

시작해야 한다.

18

피라미드와 원탁

올 초에 방영되어 전국적으로 엄청나게 화제가 되었던 드라마
「SKY캐슬」에서 인상적인 물건이 등장하는데 그것은 모형 피라미
드였다. 자신의 아들들이 명문대에 가길 바라며 하나부터 열까지
공부에 간섭하던 검사 출신 아버지가 두 아들에게 늘 보여준 건
다름 아닌 피라미드다. 피라미드 꼭대기를 가리키며 너희들이 올
라가야 할 곳이 바로 저 맨 위라고 끊임없이 세뇌시킨다. 주변 친
구들이 어려움에 처해도 그저 모른 척해야 하는 상황이 고통스러
운 아들 앞에서 소위 많이 배웠다는 아버지는 지금이야말로 피라
미드 꼭대기로 한 단계 더 다가갈 수 있는 기회라고 다그친다. 결
국 아들의 분노는 폭발하고 아버지를 향해 아들은 절규를 담은 명

대사를 외친다.

"세상이 왜 피라미드야, 지구는 둥근데 왜 피라미드냐고!!"

아들은 아버지가 보는 앞에서 그 모형 피라미드를 있는 힘껏 바닥에 던져 박살낸다. 친구를 적으로 만들고 끊임없이 꼭대기를 향해 올라가라고 부추기는 탐욕스런 부모들을 향해 외치는 아이들의 드라마 속 대사는 참담하다.

"피라미드 꼭대기? 아빠도 못 올라간 주제에 왜 우리더러 올라가래!"

"훈육을 했든 사육을 했든…당신 아들로 사는 건 지옥이었으니까…"

이 드라마에서 피라미드는 무한경쟁시대 속 자본지상주의를 상징하는 거대한 은유(metaphor)로 등장한다. 현재 미국에서 가장 영향력 있는 영성가인 리차드 로어(Richard Rohr)는 우리에게 필요한 건 피라미드가 아니라 원탁이라고 말한다. 즉 공동체를 이루는 건 피라미드가 아니라 원탁이라는 것이다. 원탁은 둥근 지구를 닮았다. 피라미드와 원탁. 이 두 단어가 상징하는 바는 매우 강력하고 명쾌하기까지 하다. 피라미드는 황금만능주의에 취한 인간의 욕망을 대변한다. 또한 피라미드는 바벨탑을 연상시킨다. 하늘 끝까지 오르고 싶어했던 인간의 욕망이 어떻게 무참히 무너졌는지를 기억하고 싶게 만드는. 반면 원탁의 상징은 둘러앉는 것이다. 끊임없이 오르려 하는 것이 아니라 지금 여기 원탁에 동그랗게 마주앉아 서로의 시선과 말에 귀를 기울이며 더불어 함께 하는 자리다. 우리 교회와 교회 교육도 모두 피라미드가 아니라 원탁이어야 한다.

신문 기사에서 인상깊게 본 대목이다. "교회가 뭡니까?"라는 어느 무신론자의 질문에 온누리교회 하용조 목사님은 교회는 제도가 되기 직전까지라고 대답했다. 그러자 무신론자가 되물었다.

"그렇다면 온누리교회의 이 거대한 조직은 뭐고, 이 거대한 제도는 또 뭡니까?"

"저는 이 교회가 제도가 되지 않도록 죽을 힘을 다하고 있습니다."

그 무신론자는 하용조 목사님의 그 대답을 듣고 예수를 영접했고 결국 뒤늦게 목사가 되었다. 그 사람이 앵커 출신 목회자 베이직교회 조정민 목사다.

교회가 거대한 조직과 제도에 갇혀 버리면 곧바로 피라미드가 된다. 그 안에서 이루어지는 교육 역시 피라미드일 수밖에 없다.

아들이 던져 바닥에서 산산조각난 모형 피라미드를 보며 아버지는 이렇게 말한다.

"그래, 니들 말이 맞아, 맞고 말구! 백 번 지당해. 니들은 아직 청춘이니까. 청춘은 물론 그래야지. 아빠도 젊었을 때 화염병 꽤

나 던졌어. 하지만 청춘은 눈 깜짝할 사이 지나가. 니들이 나이 들면 아빠 말이 옳았다는 걸 뼈저리게 느낄 거야. 인생에서 중요한 건 우정, 의리 이런 게 아니야. 니들 위치야, 위치! 피라미드 어디에 있느냐, 라고! 밑바닥에 있으면 짓눌리는 거고 정상에 있으면 누리는 거야."

그 거대한 제도 속에 갇힌 교회를 다니는 아버지도 똑같이 아들에게 이런 말을 할 수 있다.

"신앙은 신앙이고, 성적은 성적이야! 주일이라도 학원에서 오라면 가야지!"

여전히 우리에겐 원탁이 필요하다.

19

꽃과 별의 혁명이 시작되다

물질은 끊임없이 풍요로워지는데 왜 사는지 모르는 사람들이 점점 늘어나고 있다. 먹고 살 만한데 뭔가 채워지지 않는 공허함이 수많은 인생들 사이를 파고들며 종국엔 무언가에 대한 중독(addiction)에 빠지게 한다. 우리나라 정신과 질환 중 제일 높은 유병률을 보이는 알콜중독, 도박과 인터넷 중독, 외모지상주의에 취한 여자들은 보톡스나 필러 중독으로 얼굴에 주사기를 꽂고 살고 전 세계 거대 도시의 밤거리는 마약을 사러 혹은 팔러 좀비처럼 돌아다니는 사람들로 가득하다. 그들의 거덜난 팔뚝엔 더 이상 주사기를 꽂을 데가 없다. 스페인의 수도 마드리드에서는 헤로인에 취해 헤롱대며 길바닥에 쓰러져 있는 여인의 가방을 수색하여 마약흡입기구만 압수한 채 그대로 훈방한다. 밤거리에는 그런 사람들의 수가 너무 많기 때문이다.

미국에서는 중, 고등학생들도 쉽게 마약을 손에 넣을 수 있는데다 학생들끼리 벌이는 파티에서 빠지지 않는 게 마약이다. 그러다 보니 우리나라에서도 이름만 대면 다 아는 재벌가 3세들이 해외 유학 경험이 있는 마약 사범이다. 부유층 유학파 자녀들의 마약 중독이 심각할 정도로 늘어나고 있는 가운데 그들은 경제적 이익을 최대로 창출하려고 혈안되어 있는 마약 공급자들의 제1의 타겟이 되고 있다고 하니 끔찍한 일이 아닐 수 없다. 지나친 물질적 풍요가 그들의 영혼을 갉아 먹는 기생충이 되고 있다. 한때 엄청나게 유행했던 조기 해외 유학이 줄어들고 시골로 내려가는 귀촌 유학이 늘어나는 것은 차마 감사할 일이다.

그렇다면 어떠한 삶을 살아야 중독에 빠지지 않는가? 공허함 없는 삶은 무엇인가? 우리는 왜 이곳에 존재하는가? 우리의 영혼이 육신을 입고 이 지구별에 온 까닭은 무엇인가? 답은 분명하다. 체험하고 배우러 온 것이다. 무엇을? 삶을, 생명을, 사랑을…

영적인 사람들은 자신이 왜 사는지를 분명히 알고 있다. 그런 이유로 그들은 배움에 대해 신성한 태도를 가지고 있으며 모든 상황과 찰나와 순간들을 통해 배우려 한다. 심지어 나쁜 상황, 나쁜 사람들로부터도 배운다. 그러므로 영적인 사람들은 자신을 선택하여 하늘로부터 찾아온 자녀들에게 가장 양질의 것을 주고자 한다. 가장 본질적인 것, 눈에 보이지 않지만 세상을 근본적으로 움직이고 있는 것을 분별하게 한다. 그러니 결코 1등을 강요하거나 경쟁을 부추기지 않는다. 친구를 적으로, 경쟁상대로 간주하여 단순히 이기기 위해서 공부하는 것은 매우 저급한 의식에서 나온 것이기 때문이다. 끊임없는 분리와 소외, 서로에 대한 혐오와 증오로는 결코 평화를 경험할 수 없고, 서로를 파괴하는 인류의 집단의식은 결국 지구의 멸망을 초래할 뿐이라는 걸 알기 때문이다.

새로운 시대의 주역이 될 영적인 아이들은 자연을 사랑하고 동물과 대화할 줄 안다. 또한 친구들에 대한 동정과 연민으로 가득하여 늘 그들의 고민과 고통에 귀 기울이고 인류가 축적해 놓은 수많은 지식과 정보와 지혜를 수용하며 오늘 우리가 창조해야 할 사회에 대해 도모한다. 앞서간 선조들과 어른들이 저지른 과오는 무엇이며, 인류가 앞으로 공동의 선과 행복과 평화를 위해 무엇을 어떻게 해야 하는지에 대한 해답을 찾기 위해 공부한다. 그들은 결코 자신의 이기적이고 개인적인 이익을 위해 에너지를 쏟지 않는다.

영적 의식은 매우 고차원적인 의식이다. 영적인 사람들은 선으로 악을 이기려 하고 빛으로 어둠을 몰아낸다. 예수 그리스도로 말미암아 '눈에는 눈, 이에는 이'라는 낡은 계약은 깨졌다. 조건 없는 사랑이 시작된 것이다. 원수를 사랑하라는 예수 그리스도의 메시지는 영적인 차원에서는 이미 원수가 존재하지 않음을 의미한다.

그러므로 인류와 세계를 향한 새로운 혁명은 영적 의식을 가진 그리스도인으로부터 시작된다. 그들은 그것을 꽃과 별의 혁명이라 부른다.

20

정말 중요한 건 눈에 보이지 않는다

"좋은 질문은 답이 아니라 '깨달음'을 준다. 현재 내가 서 있는 곳을
환기시키고, 올바른 곳으로 향하게 힘을 북돋는다. 그래서 우리는
노력의 대부분을 이런 좋은 질문을 찾는 데 써야 한다."

웨인 다이어(Wayne W. Dyer)가 쓴 『우리는 모두 죽는다는 것
을 기억하라』에 나오는 문장이다.

살면서 두고두고 기억에 남는 질문이 있는가. 곰곰이 생각해 보
시라. 끈질기게 달라붙어 떨어지지 않는 그런 질문들이 아마 한두
개 정도는 있을 것이다.

내게도 그런 질문이 있다. 초등학교 5학년 때 담임 선생님이 수업시간에 들려 주신 생떽쥐베리가 쓴 『어린 왕자』이야기에 흠뻑 매료된 후 선생님이 던진 하나의 질문이 나를 사로잡았던 것을 기억한다.

'이 세상에서 가장 가치 있는 것은 무엇인가?'

나는 그 질문에 매우 진지하게 집중했던 것 같다. 태어나서 처음으로 형이상학적 세계에 발을 들인 찰나다. 그 후로도 오랫동안 그 질문은 나를 따라다녔다. 내 삶은 그 질문에 대한 답을 찾는 여정이었다고 해도 과언이 아니다.

어른들을 위한 동화 『어린 왕자』에는 이런 대목이 나온다.

…"잘 가. 이제 내가 비밀을 말해 줄게, 그건 아주 간단해. 마음으로 보아야 한다는 거야. 정말 중요한 것은 눈으로 보이지 않아." 여우가 말했습니다. "중요한 것은 눈에 보이지 않는다." 어린 왕자는 그 말을 기억하기 위해 되뇌었습니다…

21세기를 사는 우리들이 기억해야 할 것은 여우의 말이다. 교육과 영성 모두 눈에 보이지 않는 것들을 추구한다. 그것은 가치의 영역이며 진리의 영역이다. 눈에 보이지 않는 것들이 진짜 중요하다고 우리도 어린 왕자처럼 여우의 말을 되뇌어야 한다. 특히 눈에 보이는 것만 믿고, 눈에 보이는 것만 따르는 현대 물질문명 속에서는 더더욱 그렇다. 교육과 영성은 본질적인 것을 향해 질문을 던지는 것에서 시작될 뿐 아니라 눈에 보이는 세상에 살면서도 눈에 보이지 않는 거대한 창조질서와 신의 섭리, 그리고 우주의 법칙을 영과 혼과 육, 전 존재로 깨달아가는 것에 관한 것이어야 한다.

사막에 불시착한 비행사와 우연히 만난 어린 왕자가 비행사에게 말했다. "사막이 아름다운 건 어딘가에 샘을 감추고 있기 때문이야." 어린 왕자의 말처럼 눈에 보이는 세상이 아무리 각박하다 하더라도 교육과 영성은 그 보이지 않는 곳에 존재하는 진리와 사랑으로 말미암아 세상을 아름답게 볼 수 있게 해 주는 안내자 역할을 해야 한다.

교육과 영성에 대한 수많은 이론과 책들이 있지만 중요한 것은 삶으로의 체화, 존재의 열매로 맺어지지 않으면 그것은 모두 공염불일 뿐이다. 누가 그 진리값을 삶으로 현실화시켜내느냐, 그것이 중요하다. 그런 이유로 적지 않은 시간 동안 나는 내 삶 혹은 누군가의 삶 속에 구현된 교육과 영성에 대한 체험과 결과물들을 이야기하고자 했다. 이론만 나열하다 끝나는 강의실식 배움들이 현장에서 얼마나 무기력한가를 뼈져리게 느꼈기에 삶에서 체험되고 경험했던 것들, 그래서 깨달아 알고, 열매로 드러난 것들에 더 집중했던 것 같다.

　지성과 영성이 빈곤할 때, 물질이 풍요할수록 삶은 오히려 더 각박해지고 비참해진다. 삶을 온전히 누릴 수 있는 자각의 힘이 없기 때문이다. 인간의 인간다움, 인간의 지성과 영성을 꽃피우기 위해 영혼의 스승들이 인류에게 마음을 비워 삶으로부터 깨어나는 수행을 하도록 강조해 온 이유가 여기에 있다.

　선각자들이 주는 귀한 영적 권면을 마음에 새기며 오늘도 여전히 깨달음을 향한 수행을 멈추지 않는다. 우리는 모두 순례자다. 순례길 어딘가에서 다시 만날 것을 믿으며 나의 졸필을 읽어 주신 모든 분들께 진심으로 감사드린다.

　그리고 내게 생명을 허락하신 하늘과 돕기 위해 보내진 거룩한 영들과 이 땅에서의 삶을 행복하게 만들어준 모든 신성한 생명체들(사람, 꽃, 나무, 들판, 바람, 구름…)에게 심장으로부터 흘러나온 눈부신 빛과 사랑을 보낸다.

나는 그리스도와 함께 십자가에 못박혔습니다.

이제 살고 있는 것은 내가 아닙니다.

그리스도께서 내 안에서 살고 계십니다.

내가 지금 육신 안에서 살고 있는 삶은,

나를 사랑하셔서 나를 위하여 자기 몸을 내어주신

하나님의 아들을 믿는 믿음 안에서 살아가는 것입니다.

- 갈라디아서 2장 20절, 표준새번역

일상에서 만나는
생태교육과 영성

ⓒ 김진희, 2020

초판 1쇄 발행 2020년 12월 26일

지은이	김진희
펴낸이	이기봉
편집	좋은땅 편집팀
펴낸곳	도서출판 좋은땅
주소	서울 마포구 성지길 25 보광빌딩 2층
전화	02)374-8616~7
팩스	02)374-8614
이메일	gworldbook@naver.com
홈페이지	www.g-world.co.kr

ISBN   979-11-6649-077-4 (03230)

• 가격은 뒤표지에 있습니다.
• 이 책은 저작권법에 의하여 보호를 받는 저작물이므로 무단 전재와 복제를 금합니다.
• 파본은 구입하신 서점에서 교환해 드립니다.

이 도서의 국립중앙도서관 출판예정도서목록(CIP)은 서지정보유통지원시스템 홈페이지(http://seoji.nl.go.kr)와 국가
자료공동목록시스템(http://www.nl.go.kr/kolisnet)에서 이용하실 수 있습니다. (CIP제어번호: CIP2020050766)